"Son una joya las aportaciones y los conocimientos que Marta comparte con el mundo. Sus libros me han dejado iluminada. Un libro imperdible, clave para iniciar este estilo de vida."

Valeria Segura, Neuropsicóloga

"¡Este es un libro impresionante si eres nuevo en el concepto de desescolarización o si ya eres todo un veterano en ello! Muy informativo y no creo que haya dejado ninguna pregunta o pensamiento sin abordar en este libro. Me encanta cómo Marta expresa sus ideas, es reconfortante y alentador. ¡Lo recomiendo mucho a cualquiera que esté considerando la educación en casa!"

Olivia, madre que educa sin escuela

"Este libro es excelente para cualquier persona que esté pensando en la desescolarización, la educación en casa o simplemente quiera saber más sobre cómo aprenden los niños. Es fácil de leer, ameno y muy útil. Ofrece muchísima información útil sobre cómo empezar, cómo aliviar los miedos y cómo ayudar a tus hijos a vivir sus vidas auténticas al máximo. He subrayado secciones de cada capítulo del libro y espero volver a consultarlo en los próximos años."

Heather, madre que educa sin escuela

UNA EDUCACIÓN ASOMBROSA

Una Educación Asombrosa

Cómo personalizar la educación de tu hijo para garantizar su triunfo.

MARTA OBIOLS LLISTAR

Marta Obiols Llistar

Tercera edición: Mayo, 2024

ISBN Libro en papel: 979-8-8693-9645-7

Publicado por IngramSpark

Diseño de la Portada: Marta Obiols Llistar

ÍNDICE

A mis queridas amigas lectoras, quienes me consultaron de manera constante sobre cómo educar y me instaron a escribir un segundo libro.

"Lo que los niños necesitan no son planes de estudio nuevos y mejores, sino acceso a más y más del mundo real; mucho tiempo y espacio para reflexionar sobre sus experiencias, y para usar la fantasía y el juego para darles significado; y orientación, mapas y guías para facilitarles el llegar adonde desean ir (no adonde pensamos que deberían ir), y para descubrir lo que quieren descubrir."
John Holt

Introducción

¿Estás cansada de la búsqueda interminable del colegio o la educación perfecta para tu hijo, solo para decepcionarte una y otra vez? Como madre y maestra que ha experimentado la misma frustración buscando el lugar ideal para que mis hijos aprendieran y para trabajar, conozco muy bien la sensación de desesperanza que provoca la búsqueda del programa perfecto. Pero aquí está la realidad sin adornos: ese programa simplemente no existe. No importa cuánto lo intentes, no lo encontrarás. No hay una solución "de talla única" que pueda satisfacer las necesidades de cada niño, pero puedes crearla. Tú, querida lectora, eres la encargada de crear el programa perfecto para tu hijo, uno hecho a medida para sus necesidades y fortalezas únicas.

Este libro está diseñado para ayudarte a proporcionar a tu hijo una educación asombrosa. He educado asombrosamente a mis tres hijos y quiero ayudarte a hacer lo mismo.

Mi hijo mayor, con veinte años, se ha lanzado de lleno a la escritura. Su primera novela está a punto de ser publicada, y ya está inmerso en la creación de su segunda obra. La educación que recibió le ha permitido convertirse en autor, cumpliendo así su sueño.

Mi hija, actualmente con diecisiete años, se está preparando para enfrentar las pruebas de ingreso a una universidad europea. Destaca como una atleta fenomenal en acrobacias aéreas y sueña con especializarse en el corde lisse (trepar una cuerda y realizar acrobacias en el aire). Si es aceptada, obtendrá una licenciatura en artes circenses y un contrato con una compañía de circo. Su sueño es formar parte de una familia circense y ejecutar movimientos atléticos en una cuerda. Esta universidad le brindará las herramientas necesarias para alcanzar el éxito.

Mi hijo menor, educado libremente sin seguir ningún plan educativo hasta los catorce años, ahora está en su primer año de secundaria en una escuela pública. Su pasión por el fútbol lo llevó allí. Aquí en los Estados Unidos, los deportes suelen estar vinculados a las escuelas secundarias. Aunque muchos clubes de fútbol tienen prácticas después de la escuela, durante la temporada de fútbol, todos los jugadores normalmente dejan su club para unirse al equipo de la escuela secundaria. Según mi hijo y su experiencia personal, el fútbol en la escuela secundaria le brinda mejores oportunidades de entrenamiento. Para él, el éxito significa convertirse en futbolista o en cualquier trabajo que no lo ate a una oficina de nueve a cinco. Ha aprendido y comenzado a invertir, y veo escrito en su ADN 'hombre-empresario-adinerado'. Sé que triunfará.

Y yo también he triunfado. Descubrí la mejor manera de educar a mis hijos y disfrutar siendo educadora. He criado a tres personas independientes que fueron libres de convertirse en quien quisieron ser. Cuando digo 'libre', me refiero a que no les impuse mis propias decisiones. Me esforcé por eliminar la mentalidad con la que crecí: 'Debes ir a la universidad o no conseguirás un trabajo bien remunerado'. Quise mostrarles a mis hijos que las personas con carreras no académicas también pueden triunfar. Necesitaba evitar contribuir al prejuicio de que solo quienes tienen ciertas ocupaciones triunfan, mientras que los demás no.

Triunfar es relativo, ya que cada persona tiene una definición diferente de lo que significa. Algunas personas creen que triunfar es sinónimo de felicidad, mientras que otros lo asocian con acumular riqueza. Algunos consideran que alcanzar el mayor éxito académico, como obtener un doctorado, es triunfar. La mayoría de las familias se preocupan por el futuro de sus hijos, deseando que tengan una vida segura y exitosa. A menudo, convencen a sus hijos de que estudien una carrera universitaria para poder encontrar un buen trabajo. Sin embargo, ¿has consultado a tu hijo acerca de lo que él considera un buen trabajo? ¿Estudiar una carrera universitaria es lo que realmente desea?

La forma en que la mayoría ve el éxito es muy diferente a cómo lo veo yo, y eso me ha enseñado mucho. Como madre, ¿quieres presumir con tus amigas y familiares sobre el hijo exitoso que has creado, o preferirías comprender qué significa triunfar para tu hijo y ayudarle a alcanzarlo?

Ayuda a tu hijo a triunfar. Ya sea que esto signifique asistir a una escuela prestigiosa o no, ir a la universidad o a una escuela técnica, obtener un trabajo de obrero o volverse emprendedor. ¿Estás lista para soltar tu idea de lo que significa triunfar para ti y escuchar lo que significa triunfar para tu hijo?

¿Estás lista para educar a tu hijo de una manera asombrosa?

"Podemos ayudar mejor a los niños a aprender, no al decidir lo que creemos que deberían aprender y pensar en formas ingeniosas de enseñárselo, sino al hacer el mundo, en la medida de lo posible, accesible para ellos, prestando seria atención a lo que hacen, respondiendo a sus preguntas, si las tienen, y ayudándoles a explorar las cosas que les interesan más. Las formas en que podemos hacer esto son simples y fácilmente comprendidas por los padres y otras personas que aprecian a los niños y se tomarán la molestia de prestar atención a lo que hacen y pensar en lo que podría significar."

John Holt

¿Qué es una educación asombrosa?

Una educación asombrosa pone a los estudiantes al mando de su aprendizaje, y comienza con el empoderamiento en lugar de la conformidad.

Una educación asombrosa comienza prestando atención a las necesidades de los aprendices y procurando satisfacer esas necesidades. No empieza con lo que la sociedad y su cultura creen que los estudiantes necesitan; no comienza escuchando conversaciones que contradicen tu instinto, intuición y corazón.

Nuestra sociedad ha perdido el sentido común. Los niños pequeños necesitan el cuidado y la presencia de su madre o cuidador principal. No podemos delegar la responsabilidad de educar a nuestros hijos cuando son vulnerables y están en sus primeros años. Entonces, ¿por qué la sociedad sigue presionándonos para enviar a nuestros hijos a guarderías y escuelas? Los niños naturalmente desean estar con sus madres. A medida que crecen y se vuelven más independientes, comienzan a separarse de sus cuidadores principales y disfrutan de actividades sin su presencia. Si tu hija no disfruta de la guardería, el jardín preescolar o la canguro (niñera), es posible que aún necesite estar contigo y que aún no esté lista para este avance.

Tu hija puede tener una educación asombrosa sin asistir a un preescolar de élite. Al quedarse en casa contigo en lugar de asistir a un programa educativo infantil, tu hija tendrá una mayor oportunidad de triunfar.

Una educación asombrosa es un proceso orgánico y natural que permite a los niños convertirse en quien están destinados a ser a través del estudio, el aprendizaje y la búsqueda de sus intereses. El éxito se define de manera individual y no es impuesto por otros.

La educación solo será asombrosa cuando permitamos que los niños aprendan a su propia velocidad, respetando su ritmo de aprendizaje y su curiosidad. Esto implica permitirles dedicar días, semanas e incluso meses a perseguir sus intereses específicos, libres de una educación forzada. Una educación perfecta es aquella que permite al niño ser quien es sin juicios y, lo más importante, la educación es perfecta cuando la persona siempre mantiene su deseo de aprender. Una educación perfecta implica a los adultos ayudando y apoyando a los estudiantes a alcanzar sus metas y sueños, y permitiendo al estudiante determinar si esos sueños son realistas. Esta educación, y los adultos que la facilitan, respeta la interpretación de cada uno de qué significa triunfar en la vida.

Educar de esta manera se llama pedagogía libre, también conocida como educación autodirigida o educación respetuosa. Algunos de nosotros lo llamamos unschooling (educación sin escuela) porque intentamos no replicar el sistema escolar en casa. En lugar de eso, hacemos un gran esfuerzo por olvidar el patrón y ritmo escolar, las calificaciones y las expectativas académicas para poder ver verdaderamente a nuestros hijos y permitirles liderar su propio aprendizaje. Este enfoque promueve la participación activa del niño en su educación y se adapta específicamente a cada niño, representando el estado más natural y alegre del proceso educativo. Los resultados son una infancia y adolescencia felices, estableciendo las bases para una vida adulta plena y exitosa. Sí, también es posible seguir hacia la universidad si el estudiante lo desea, triunfar y encontrar un buen trabajo.

Cómo brindar una educación asombrosa

La mejor educación es aquella que satisface al estudiante. Empieza respetando los intereses, la curiosidad, el ritmo natural y los métodos de aprendizaje preferidos de tu hija. En ocasiones, lo que es mejor para tu hija puede diferir de las elecciones más comunes entre otras familias. No te compares con ellas. Para verdaderamente educar a tu hija, debes empoderarla para que se convierta en lo que desea ser.

No controles lo que tu hija debe aprender; confía en que sabrá lo que necesita. ¿Requiere habilidades de lectura, escritura o matemáticas? Las adquirirá con entusiasmo.

Echa un vistazo a cómo es una educación perfecta cuando las familias y maestros respetan el ritmo natural del niño. Déjame revelarte la verdad sobre el aprendizaje:

Juegan.

Las criaturas juegan durante años, y si les proporcionas un entorno enriquecedor y las llevas a diferentes lugares, aprenden enormemente mientras disfrutan y viven su vida cotidiana.

A medida que crecen, su juego se vuelve más sofisticado. No existe una distinción entre el tiempo de juego y el tiempo de aprendizaje cuando ellas mismas dirigen su aprendizaje. Se mantienen en un constante estado de exploración, probando nuevas experiencias y persiguiendo sus intereses.

Durante la adolescencia, entran en una fase en la que muestran un gran deseo de adquirir conocimientos y habilidades. Se sumergen profundamente en ellos y comienzan a planificar su propio camino.

Para asegurar una educación asombrosa, es fundamental proporcionar un ambiente acogedor para todos. Un entorno de confianza, comodidad y apoyo, donde las criaturas y adolescentes puedan explorar, jugar y aprender (estas tres palabras son lo mismo) con placer, donde se sientan a gusto, confíen en ti y sepan que pueden pedir ayuda si la necesitan.

La efectividad del proceso de aprendizaje se encuentra relacionada con varios factores clave. Nuestra respuesta emocional a una experiencia de aprendizaje es crucial para determinar la futura motivación y autoestima en relación con una área de estudio. Al reconocer y construir sobre los intereses de los niños, contribuimos a que se sientan valorados como individuos, como expertos en sus propias experiencias de vida.

También es esencial cómo se percibe la relevancia de una experiencia de aprendizaje. Los niños tienden a estar más comprometidos cuando ven el aprendizaje como valioso para ellos mismos y para sus vidas. Si quieres brindar una experiencia de aprendizaje significativa es fundamental que observes e interactúas con tu hija.

Un sistema educativo perfecto debe priorizar la comodidad psicológica. Es esencial crear un espacio en el que los niños puedan experimentar sin presión ni estrés, donde se sientan libres para ser ellos mismos. Las tareas educativas y los exámenes solo se deben asignar si los niños se lo pasan bien haciéndolas y las desean.

Fue un gran privilegio observar cómo la curiosidad natural de mis hijos los ayudó a aprender. Ahora, es mi responsabilidad mostrarte cómo hacer lo mismo. Eduqué a mis hijos, y tú también puedes. Tú también puedes darles una educación asombrosa. Bueno, no lo hice exactamente yo. Facilité y proporcioné lo que necesitaban, y eso precisamente fue clave para su triunfo.

¿Estás preparada para dar a tus estudiantes el control total sobre lo que aprenden, cómo lo aprenden, su entorno educativo y cómo se evaluarán? Los análisis han revelado que cuando las personas eligen por sí mismas qué aprender, retienen el conocimiento de manera significativamente mejor que cuando alguien más decide lo que deben saber.

"¿Pero todo lo que hacen es jugar?", te estás preguntando sorprendida y escéptica sobre este tipo de educación.

¡Sí! Jugar es aprender, explorar, practicar y experimentar. De hecho, es la forma suprema de aprender. Los niños tienen un deseo innato de jugar, desde el momento en que abren los ojos por la mañana hasta que finalmente los cierran, exhaustos, por la noche.

A través de diferentes tipos de juego, los niños adquieren rápidamente una gran cantidad de conocimiento y habilidades. Jugar es su forma natural de aprender y explorar el mundo. Aprenden cómo funcionan las cosas, cómo pensar en diferentes situaciones y cómo entender lo que piensan los demás. Diferentes tipos de juego, como el imaginario, activo y juego de competencia, ofrecen oportunidades de aprendizaje específicas. Y todo esto ocurre de manera natural cuando los niños siguen sus instintos, persiguen sus pasiones y simplemente disfrutan de sus vidas.

Aprendemos mucho simplemente viviendo nuestra vida. Nuestros cerebros son mucho más eficientes en aprender a partir de experiencias que obtener información de conceptos o teorías. Las vivencias son un motor poderoso para el aprendizaje.

"Por supuesto, un niño puede que no sepa lo que necesitará saber en diez años (¿quién lo sabe?), pero él sabe, y mucho mejor que cualquier otra persona, -lo que quiere y necesita saber en este momento-, lo que su mente está lista y hambrienta por aprender. Si lo ayudamos, o simplemente lo permitimos, a aprender eso, lo recordará, lo utilizará, construirá sobre ello. Si tratamos de hacer que aprenda algo más, que pensamos que es más importante, las probabilidades son que no lo aprenderá, o aprenderá muy poco de ello, que pronto olvidará la mayor parte de lo que aprendió y, lo que es peor de todo, perderá pronto gran parte de su apetito por aprender cualquier cosa."

John Holt

Lo original nunca pasa de moda

Tienes muchas ganas de descubrir qué es una educación asombrosa. Pero para empezar, necesitas conocer la educación autodirigida, también conocida como pedagogía libre, aprendizaje natural, 'siguiendo al niño' o unschooling. En fin, el método original de aprendizaje.

Este tipo de educación es posible a través de enfoques alternativos como la educación en el hogar, las escuelas democráticas o las escuelas libres, priorizando el aprendizaje autodirigido y permitiendo que los niños tomen el control de su educación. Incluso las escuelas convencionales pueden respaldar este enfoque educativo si los niños deciden asistir por elección propia y pura voluntad, sin ninguna obligación. Aprender sin asistir a la escuela no es algo nuevo ni radical; a lo largo de los siglos, los seres humanos han educado a sus jóvenes con éxito sin recurrir a la escuela. Nuestro sistema educativo actual es un experimento reciente. Enviar a las criaturas la escuela para que sean segregadas por edad, separadas de la comunidad y aprendan exactamente el mismo currículo es una idea radical, y los resultados son contraproducentes.

No estoy en contra de la educación pública. Me parece maravilloso que exista un recurso gratuito para educar a los niños y que esté disponible para todos. Lo que critico es la forma en que enseñan y tratan a los niños. Cuando impones la educación, los niños ya no quieren aprender o solo lo hacen para impresionar a los adultos. Cuando muestras, ofreces y facilitas el acceso a la educación sin restricciones, los niños no solo desean aprender, sino que lo absorben y prosperan.

Nadie disfruta aprendiendo conocimientos innecesarios, especialmente si no hay interés. No obstante, todos tenemos un deseo innato de aprender. Ha llegado el momento de dejar de enseñar a los niños y permitirles aprender. Una educación liderada por el niño, que no impone qué ni cuándo aprender, es la que permite a los niños aprender de manera natural porque lo desean y disfrutan.

Aseguras el éxito de tu hijo al permitirle elegir qué y cuándo quiere aprender. No tendrás que pasar tiempo motivándolo, ya que estás permitiendo que su motivación innata siga su curso. Cuando un currículo escolar o de educación en casa se diseña de manera universal, se descuida a aquellos que se encuentran fuera de lo estándar y común. Nuestros hijos son únicos, y su educación debe adaptarse a sus particularidades. Es nuestro deber proporcionar los recursos y expertos que nuestros hijos necesitan para prosperar.

Hay dos raíces latinas diferentes de la palabra educación. "Educare" significa entrenar o moldear, mientras que "educere" significa guiar o llevar a cabo. Para poder dar la educación perfecta a nuestros hijos para que triunfen debemos centrarnos en "educere", en guiar y llevar a cabo, en lugar de "educare", ya que moldear a nuestros hijos puede ser perjudicial. Como muy bien dijo Jess Lair, "Los niños no son cosas que deben ser moldeadas, sino personas que deben ser desplegadas."

Muchas familias han triunfado educando a sus hijos fuera del sistema escolar. Este tipo de educación les ha devuelto la felicidad.

Las criaturas se sienten rechazadas cuando una escuela, un docente, o un plan educativo no concuerda bien con su estilo de aprendizaje. No pueden aprender en un entorno que continuamente les está fallando.

Educar en el hogar brinda libertad y una gran cantidad de beneficios para toda la familia. La capacidad de personalizar la educación, crear un entorno social saludable, obtener mejores resultados académicos y fortalecer la relación familiar son las razones por las cuales muchas familias están optando por una educación no convencional. Es una opción superior en todos los aspectos.

Ya va siendo hora de cambiar. El hecho de que haya escuelas no significa que tengas que mandar a tu hijo sin tener en cuenta sus preferencias. Hay niños a los que les gusta ir a la escuela y a otros que no. Pregúntale si prefiere aprender en casa o ir a la escuela, y no temas su respuesta. Debería ser su elección la forma en que aprende, y su decisión puede cambiar con el tiempo.

¿Te da miedo educar a tu hijo fuera de lo que se considera normal? Al principio puede parecer aterrador, pero simplemente es una experiencia nueva. Cuanto más lo practiques, menos intimidante será. Para calmar tus miedos, empápate de conocimientos sobre enfoques educativos alternativos y conecta con familias que tienen experiencia en este estilo de vida. Al conocer a otros y aprender sobre este tipo de vida, vas a eliminar cualquier duda o temor. Varios recursos, como libros, artículos, podcasts, blogs, cursos y asesorías, van a proporcionarte toda la información que necesitas. Gracias por elegir este libro.

Algunas de vosotras ya conocéis los beneficios de la educación en el hogar y estáis tremendamente interesadas en aprender cómo facilitarla de una manera que funcione bien para vuestro hijo. Hay quienes deseáis fomentar la educación autodirigida porque comprendéis que es la manera perfecta de educar, pero no sabéis por dónde empezar.

Aquí verás cómo. Vamos a ver cómo dar a tu hijo la completa responsabilidad de su educación, métodos de aprendizaje, evaluación y entorno.

Lo original nunca pierde su encanto. La educación libre está de moda.

"Después del derecho a la vida misma, el más fundamental de todos los derechos humanos es el derecho a controlar nuestras propias mentes y pensamientos. Eso significa el derecho a decidir por nosotros mismos cómo exploraremos el mundo que nos rodea, cómo reflexionaremos sobre nuestras propias experiencias y las de otras personas, y cómo encontraremos y daremos significado a nuestras propias vidas."

John Holt

¿Se Puede?

Lo primero es lo primero: aunque me encantaría que todos tuviéramos la libertad de hacer lo que queramos y adaptar la educación de nuestros hijos según sea necesario, es esencial cumplir con las normativas y leyes vigentes. En los Estados Unidos, gozamos de la libertad de elegir la educación que consideremos más adecuada para nuestros hijos; sin embargo, en otros países, el gobierno establece las pautas educativas para sus ciudadanos.

Si tú y tu hija no lográis encontrar una escuela que se adapte a sus necesidades y decidís optar por la educación en el hogar, con el fin de diseñar una educación perfecta que garantice el éxito de tu hija, es fundamental estar al tanto de las normativas establecidas por las autoridades gubernamentales.

Cada estado de Estados Unidos y cada país en el mundo cuenta con leyes específicas sobre la educación de los niños y las niñas que no asisten a la escuela. Para evitar problemas, es fundamental investigar, estudiar e informarse acerca de las leyes y regulaciones en tu área, asegurándote de seguirlas adecuadamente.

Por ejemplo, en Chile, según me contó una madre chilena que educa en casa, no es necesario informar a nadie, pero para validar los estudios, deben presentarse en los exámenes libres. En Bélgica, mi amiga me dijo que es muy fácil solicitar el permiso para educar en casa, pero a los 12 años, los niños tienen que examinarse. En Estados Unidos, la situación varía según el estado. En Texas, no es necesario informar a nadie ni pasar ningún examen, pero en mi estado, Georgia, cada año tengo que presentar una solicitud para educar en casa a través de la página web de educación.

Además, en algunos países, solo los niños enfermos, deportistas, músicos y actores tienen permiso para crecer y aprender sin asistir a la escuela, mientras que en otros, es completamente ilegal que las familias eduquen a sus hijos fuera del sistema escolar convencional.

Una forma sencilla de encontrar las reglas de tu estado o país es buscar en línea. Escribe el nombre de tu estado o país seguido de la expresión "educación en casa" o simplemente "homeschool" en tu buscador. Por lo general, el sitio web del Departamento de Educación en tu estado o país proporcionará información sobre el estudio en casa, incluyendo los documentos y procedimientos necesarios. A veces, también puedes encontrar blogs de madres con mucha información sobre educar en casa en tu país. Encontrarás más información al final del libro.

Si no estás interesada en educar sin escuela, pero deseas una educación asombrosa para tu hija, busca en línea escuelas que practiquen una educación libre, respetuosa, consciente y autodirigida. Estas escuelas se llaman escuelas democráticas, escuelas libres o centros de educación autodirigida. Te invito a buscar en línea Sudbury Valley (sudburyvalley.org) y Summerhill (summerhillschool.co.uk) para obtener más información sobre estas escuelas. Ojalá encuentres una en tu ciudad.

Puedes encontrar una lista de escuelas democráticas aquí:

https://www.educationrevolution.org
https://eudec.org
https://democraticschools.directory

Si es ilegal educar a tu hijo en casa en tu país, quiero que sepas que algunas familias se mudan a otro país para proporcionarles a sus hijos una educación libre fuera del sistema escolar. Esta organización ha ayudado a varias familias, puedes obtener más información en www.hslda.org

"No tenemos que hacer que los seres humanos sean inteligentes. Nacen inteligentes. Todo lo que tenemos que hacer es dejar de hacer las cosas que los vuelven estúpidos."
John Holt

La singularidad de tu hijo es su mayor fortaleza.

"El éxito se logra desarrollando nuestras fortalezas, no eliminando nuestras debilidades."
Marilyn vos Savant

Muchas familias y maestros piensan equivocadamente que deberías enfocarte en corregir las debilidades de un niño dedicando más tiempo, atención y dinero a la asignatura en la que obtiene las peores calificaciones, con el objetivo de formar a un niño bien preparado y educado. Sin embargo, en realidad, es más beneficioso centrarse en sus puntos fuertes.

Mi querida lectora, concéntrate en las fortalezas de tu hijo en lugar de sus puntos débiles. Los niños dan lo mejor de sí cuando los empoderas para hacer lo que mejor saben hacer.

Olvídate de la mentalidad de ser una persona bien formada y ayuda a tu hijo a desarrollar sus talentos innatos. Observa a tu hijo, ya que te dará pistas sobre sus puntos fuertes. Una vez que tengas una idea de lo que desea y aprende rápidamente, así como cuando lo ves más entusiasta y realizado o cuando pierde la noción del tiempo porque está concentrado en algo que le interesa, invierte en esas fortalezas.

No intentes moldear a un niño, ya que esto hace más daño que bien. No lo moldees según lo que crees que debería ser. Es un individuo y es único. Cuando intentas desarrollarlo y manipularlo, no estás permitiendo el proceso natural de tu hijo para convertirse en sí mismo y alcanzar su máximo potencial. Es como moldear y manipular un capullo. La mariposa morirá o saldrá dañada. Deja que la crisálida siga su curso natural.

¿Qué es un punto fuerte?

Comprender las fortalezas de tu hijo es un aspecto esencial de su desarrollo. Debes tener en cuenta tres elementos clave para identificar sus fortalezas: rendimiento, energía y preferencia. El rendimiento se refiere a las actividades o temas en los que tu hijo destaca. Presta atención a las áreas en las que se desempeña bien y anímalo a perseguir esos intereses aún más.

La energía es otro factor crucial en la identificación de las fortalezas. Las actividades o temas que dejan a tu hijo lleno de energía y motivación seguramente son áreas de fortaleza. Alentar a tu hijo a participar en estas actividades contribuye a su desarrollo de confianza y motivación.

Finalmente, la preferencia se refiere a la inclinación natural de un niño hacia el uso de sus fortalezas. Naturalmente, elegirá participar en actividades que aprovechen sus puntos fuertes. Como adulta, es esencial que observes a tu hijo y reconozcas estas inclinaciones para poder alentarlo a desarrollar aún más esas fortalezas.

Cuando tu hijo utiliza su punto fuerte, se sumerge profundamente en la actividad. Pierde la noción del tiempo, muestra curvas de aprendizaje rápido, exhibe un patrón de éxito repetido en esa área de fortaleza y rinde a un nivel superior a lo común para su edad.

Cuando comiences a notar un destello de fortaleza en tu hijo, involúcralo. Proporciona el material adecuado y facilita los recursos necesarios. Da nombre a sus talentos para que sea consciente de su habilidad en áreas como la lectura, escritura, conversación, actuación, matemáticas, cocina, deportes, dibujo o cualquier otra. Crea experiencias y un entorno que fomente esas fortalezas, y anímalo a practicarlas para desarrollarlas aún más. Conéctalo con modelos a seguir que sobresalgan en esas mismas habilidades, ya sea en la vida real, a través de biografías en libros, sitios web o vídeos en YouTube.

Aquí tienes un ejemplo para entender lo que estoy tratando de expresar. Cuando noté la habilidad de mi hijo para el ajedrez, lo inscribí en un club y en torneos de ajedrez, y practicó ajedrez en la computadora. Estaba muy orgulloso de sí mismo. Y cuando descubrí su talento para la escritura, le seguía diciendo lo bueno que era en ortografía, redacción y edición.

Cuando vi que a mi hija se le daba bien correr, la apunté a actividades como clubes de atletismo, competiciones de pista y campo a través, y le fue genial. Y cuando noté que era buena leyendo, no paraba de proporcionarle libros y de decirle lo increíble y excepcional que era como lectora.

Cuando noté lo bueno que era mi hijo menor en los deportes, lo inscribí en varias disciplinas deportivas. Todos nos decían que era el Jugador Más Valioso (MVP). Y cuando descubrí su habilidad para inventar recetas deliciosas, le proporcioné todos los ingredientes necesarios y le di libertad en la cocina. Se sintió muy inteligente e independiente.

Las familias que solían centrarse en las debilidades de sus hijos y cambiaron su enfoque a sus puntos fuertes comentan que ahora sus hijos están más motivados, valorados y disfrutan más. En lugar de concentrarse en mejorar las habilidades débiles del niño, este enfoque brinda la esperanza de promover la felicidad y el éxito mediante el desarrollo de su carácter. A medida que perfecciona sus habilidades fuertes, también notarás mejoras en áreas donde anteriormente tenía dificultades. Cultiva las tendencias naturales, habilidades e intereses de tu hijo para que esté más inclinado a experimentar logros. Si deseas que tenga éxito, deberás tomar en serio sus cualidades únicas, que son hermosas y poderosas.

Las fortalezas proporcionan energía a tu hijo y lo hacen sentir enérgico. Lo verás perder la noción del tiempo porque se centra en áreas donde sus fortalezas destacan. Hacer que tu hijo se centre en sus debilidades agota su energía. Se siente cansado, lo cual afecta su capacidad de concentración e inhibe su progreso en el aprendizaje. ¿Has notado lo agotados que están los niños cuando llegan a casa de la escuela?

Centra la atención en sus puntos fuertes y evita compararlo con otros. Celebra sus habilidades únicas y ayúdalo a fortalecerse aún más.

"El ser humano es un animal que aprende; disfrutamos aprendiendo, lo necesitamos y somos hábiles en ello. No requerimos que nos enseñen ni que nos obliguen. Lo que obstaculiza el proceso son las personas que interfieren, intentan regularlo o controlarlo."

John Holt

Cambia de chip

Para lograr una educación asombrosa para tu hija, es fundamental brindarle autonomía para que dirija su propio aprendizaje. Para lograrlo, debes evitar replicar la escuela en casa y adoptar el enfoque libre 'unschool' (sin escuela). "Unschool" es una palabra que John Holt utilizó para comunicar a las familias que educan en casa la idea de no reproducir la escuela en su hogar. El objetivo es evitar los errores educativos que a menudo se cometen en las escuelas y destacar que los niños aprenden mejor fuera del sistema escolar, inmersos en la vida real, precisamente porque no se trata de una escuela en absoluto.

Para permitir que tu hija tome por completo las riendas de su educación, es necesario desescolarizar y abandonar el pensamiento escolarizado. Debes trabajar en cambiar tu mentalidad si deseas educar de manera asombrosa. Como mencioné anteriormente, algunos de nosotros, los que optamos por el aprendizaje libre, buscamos olvidar los patrones, ritmos y estándares escolares porque queremos que nuestros hijos aprendan de manera natural, siguiendo su curiosidad y lo que les interesa.

Educar a tu hija de manera libre es todo un reto si aún mantienes una mentalidad escolar. Ser un facilitador (maestro) en una escuela democrática también supone un desafío si no dejas de actuar como un maestro convencional. Si cambias tu forma de pensar, incluso tu vida cambiará, ¡y para mejor!

Desintoxicate. Cambia tu perspectiva. Cambia de chip.

Para dejar de pensar como en una escuela autoritaria y permitir que tu hija siga su camino a su propio ritmo, es necesario desescolarizar tu mente. Una vez que borres la mentalidad escolar, todo lo que haga tu hija parecerá excelente porque comprenderás que está aprendiendo. Te tranquilizarás y permitirás que tu hija haga lo que necesite hacer para aprender a su manera.

Desintoxicarse es difícil para muchos adultos que crecieron yendo a la escuela. Resulta complicado deshacerse de una cultura tan arraigada en nosotros. ¿Por qué fue fácil para mí? En mi caso, leí todos los libros de John Holt, uno tras otro, en el orden en que los escribió. Dado que él trabajó como maestro y yo también, me resultó sencillo identificarme. Pero lo más importante es que no solo todo lo que Holt escribió tenía sentido para mí como educadora, sino que también tenía sentido como la alumna que fui en su momento.

Puede ser por eso que estos libros me ayudaron tanto a desescolarizar mi mente. La niña que hay en mí y la maestra frustrada que también llevo dentro estuvieron de acuerdo con cada palabra escrita por Holt. Sin embargo, muchas madres leen a John Holt y aún no están convencidas de que permitir que los niños aprendan sin seguir el método escolar sea la mejor manera. La desescolarización, o cambio de chip, es diferente para cada persona. Otras familias han aprendido de diferentes autores. A lo largo de los años, ha surgido más información. Varios psicólogos han escrito artículos, ensayos y libros sobre los beneficios de la educación autodirigida. Te animo a leer a Peter Gray, Naomi Fisher, Gina Riley, Sandra Dodd y Kerry McDonald.

Cambiar de perspectiva resultó sencillo, ya que fui un claro ejemplo de alguien a quien le impartieron conocimientos, pero que realmente no sabía nada. Aquí tienes varias razones que me ayudaron en este cambio de chip:

- Me enseñaron a leer en la escuela, pero nunca leí nada. Hacía trampas en cada resumen de libro.
- Me enseñaron a escribir en la escuela, pero nunca se me dio bien, y lo evitaba como si fuera una plaga. Siempre he sido pésima con la ortografía. Años y años de memorizar la ortografía correcta y sus reglas, y aún no logro recordarlas.
- Me enseñaron matemáticas en la escuela, y se me daban bien, pero cuando llegó el momento, no supe calcular un 20% de descuento mientras compraba en la tienda ni cómo dejar la propina.
- En la escuela, me enseñaron historia, mi asignatura menos favorita. Nunca logro recordar nada sobre la historia de mi país. Es realmente frustrante.
- Me enseñaron ciencias en la escuela. Me encantaba y la comprendía, viendo su valor e importancia. Sin embargo, cuando llegó el momento de explicar a mi hija por qué un objeto sólido puede atravesar el agua, recordé haber aprendido algo en la escuela sobre moléculas. A pesar de eso, no pude explicárselo.

Viendo mi propia experiencia, es muy claro para mí que la escuela, a pesar de sus mejores intenciones, no logró educarme bien.

Otro ejemplo que me ayudó a desescolarizarme y a confiar en la educación autodirigida fue darme cuenta de lo fácil y eficiente que resultaba el aprendizaje cuando seguía mis propios intereses y necesidades. Aprendí más cuando salí de la escuela y la universidad que cuando era una estudiante enjaulada en sus aulas.

Después de la universidad, de la que prácticamente no aprendí nada (sin bromas), dejé mi país y me lancé a una aventura en Estados Unidos. Para poder quedarme en el país más allá de lo que permite un turista y trabajar, tuve que dedicar muchas horas a investigar en internet las normas, leyes, trámites y opciones disponibles. Y realicé esta investigación antes de que existiera Google, cuando internet era algo completamente nuevo para nosotros, allá por el año 2000.

Una vez que llegué a los Estados Unidos, conseguí trabajo como asistente de maestra en una escuela de educación infantil. Aprendí mucho observando a las maestras, a los niños y sus interacciones. Cuando me mudé de los suburbios a la ciudad de Atlanta, mi curiosidad despertó. ¿Por qué había una predominancia de personas negras en la ciudad y todas blancas en los suburbios? ¿Por qué algunas escuelas tenían un 99% de estudiantes negros mientras que otras solo tenían estudiantes blancos? Me sumergí profundamente en la historia. A pesar de que solía considerarla una materia aburrida, comencé de manera voluntaria a leer y hacer preguntas a mis compañeros de trabajo negros, lo que me permitió aprender, comprender y retener información. Conocí la historia de las personas negras, los nativos americanos y más adelante me sumergí en la historia de Sudáfrica. Fue entonces cuando comprendí que no puedes aprender lo que los maestros te enseñan cuando ellos quieren. Aprendes cuando tienes curiosidad, cuando puedes relacionarlo con tu vida y cuando tiene sentido aprenderlo. No era una mala estudiante de historia, ni odiaba aprender historia. Más bien, los defectos del sistema educativo en el que crecí me llevaron a cuestionarlo.

Cuando me contrataron como maestra de alumnos de 5 años, dediqué todo el verano antes de empezar a trabajar a estudiar y leer libros sobre cómo y qué enseñar a niños de esa edad. A pesar de haber asistido a la universidad para estudiar educación y obtener mi título, me encontré sin tener idea de cómo enseñar al grupo de P5. Nunca antes había aprendido tanto como en ese verano. Dos meses de aprendizaje autodirigido, sumergiéndome en la educación infantil, me enseñaron más que todos los años que pasé en la universidad.

Puedo seguir mencionando todas las cosas que aprendí debido a mi interés, curiosidad o necesidad. Sin embargo, la idea fundamental es que llegué a comprender con claridad que aprendo más fuera del sistema escolar que cuando fui estudiante dentro de él. Esta experiencia me permitió anticipar cómo se desarrollarían mis hijos si se les permitiera aprender de forma libre.

Y finalmente, lo que me ayudó a desescolarizar completamente mi mente al cien por cien fue presenciar cómo mi hijo de seis años empezó a leer libros sin recibir ninguna instrucción formal en lectura. Después de eso, comencé a notar un aprendizaje más significativo mientras ellos jugaban libremente. Mi hijo disfrutaba memorizando mapas, países y sus banderas. Mi hija disfrutaba leyendo libros sobre animales sin parar e increíblemente aprendiendo datos. Mi hijo mayor comenzó a aprender historia y política por placer. Fue una escena hermosa. Quedé completamente asombrada.

Algunas de vosotras fuisteis buenas estudiantes y recordáis lo que aprendisteis en la escuela. Quizás por eso te cuesta mucho desescolarizar tu mente. Pero hazte esta pregunta: ¿Tienes alguna pasión? ¿Te interesa profundamente algo? ¿Te gusta tu trabajo y tu vida? He conocido a muchas mujeres que eran buenas estudiantes y que ahora están adormecidas y no saben lo que les gusta. La educación obligatoria disminuyó su creatividad, intereses y pasiones.

Libérate de la idea de que los seres humanos solo aprendemos y hacemos cosas cuando alguien más nos lo indica, y observa la educación con ojos frescos. Los niños pequeños son constantemente curiosos. ¿Lo eres tú? ¿Te detienes y observas con asombro lo que tienes frente a ti? Los adultos en tu vida ejercieron control sobre tu aprendizaje y extinguieron la alegría que sentías al aprender. Todos estamos programados para aprender y crecer. Regresa a ver el mundo a través de los ojos de un niño, y verás cuánto aprendizaje hay en un solo día.

Muchos adultos creen que, si no obligan a sus hijos a aprender, no elegirán aprender por sí mismos. Otros comentan que sus hijos son vagos y desinteresados. Sin embargo, cuando permites que una persona tenga la libertad de aprender lo que quiera, cuando quiera, se involucran en su aprendizaje con una pasión y energía impresionantes. Los niños que parecen no tener intereses son aquellos que crecieron sin autonomía y no se les permitió seguir su curiosidad. Estos niños recuperarán su curiosidad e intereses cuando se les dé la libertad de explorar, probar cosas, participar en actividades y pensar de manera independiente.

Algunas familias se preocupan de que sus hijos tengan carencias. La verdad es que todos tenemos alguna que otra carencia. ¡Todos! Los niños que aprenden libremente no se avergüenzan de no saber algo. Es parte de su vida, para ellos es natural aprender a medida que surgen situaciones de desconocimiento. Cuando se encuentran en una situación en la que no saben algo, buscan recursos para aprenderlo. Son ingeniosos. Preguntarán a un experto, buscarán información en internet, encontrarán un documental, leerán un libro sobre el tema, en fin, harán lo que sea necesario. En poco tiempo, esa carencia será resuelta.

Concéntrate en lo más importante: tu hija y su aprendizaje. En lugar de preguntarte qué están aprendiendo los niños que van a la escuela (intenta desconectar cuando las madres y los padres hablen de la escuela), redirige tu atención hacia lo que le interesa a tu hija, lo que le hace feliz y cómo podrías ayudarla a explorar esas áreas. Con el tiempo, aprenderás a reducir tus expectativas en cuanto a la enseñanza y a confiar en tu hija, permitiéndole guiar su aprendizaje cada vez más.

Desescolarizar tu mentalidad implica soltar las expectativas sobre la carrera que desearías para tu hija y aceptar lo que venga, abrazar cada profesión sin juzgar. No valores los trabajos y las carreras por lo impresionantes que puedan sonar para fardar con amigos y familiares. Más bien, evalúa un trabajo o una carrera por la felicidad que proporcionan a tu hija al seguirlos. Si la pasión de tu hija es ser bailarina, y tú esperabas que fuera abogada o médica, acepta la carrera de bailarina sin juzgar. Cuando te sumerges en la educación autodirigida, es necesario aceptar cada resultado con neutralidad. ¿Es esto lo que te frena?

Te aseguro que los niños educados en libertad y los estudiantes de escuelas democráticas pueden graduarse de la universidad, emprender negocios, encontrar empleo, llevar vidas asombrosas y convertirse en adultos independientes. Algunos continúan su aprendizaje de manera no convencional hasta la adolescencia y la adultez, mientras que otros eligen tomar clases en escuelas de formación profesional o en la universidad durante la adolescencia, o trabajan y aprenden con mentores.

Este método educativo va más allá de ser simplemente una forma diferente de obtener los mismos resultados que otros. No tienes ni idea de su destino exacto, pero seguro que será el destino perfecto para tu hija.

La educación autodirigida es la única educación que realmente funciona. Y cuando digo 'funciona', me refiero a que los niños realmente aprenden. Los prepara para la vida real mientras la viven. Una vez que presencias la belleza de los niños aprendiendo de manera independiente, entras en un mundo completamente nuevo. Y no querrás regresar a los métodos convencionales de la escuela; te parecerán extraños.

¿Por qué separan a los niños por edades y limitan sus interacciones a breves recreos? Se fuerza a los niños a socializar solo con otros de su misma edad y se les confina en una clase durante horas. Dividen el aprendizaje en asignaturas y deben adquirir conocimientos siguiendo un plan establecido, sin tener en cuenta su propia curiosidad. ¿No es lamentable que un estudiante apasionado por la ciencia se vea obligado a centrarse en aprender literatura?

¿Crees que la escuela es la opción más segura para el futuro de tu hija? Te sugiero que dejes de obsesionarte con el mañana y te centres en el presente. Al enfocarte plenamente en tu hija, que está aquí y ahora, le proporcionarás todo lo necesario para convertirse en la adulta que desea ser. No dejes que las creencias y normas culturales dirijan tu vida. Deja atrás la imagen preconcebida de cómo debería ser la educación tradicional, sigue los intereses de tu hija y atiende sus necesidades individuales de aprendizaje. Diseña tu vida basándote en tus valores, propósito y metas, así como en los de tu hija.

Muchos niños sufren debido a un sistema educativo que no tiene en cuenta su individualidad. ¿Para qué sirve la educación? ¿A quién beneficia? Las lecciones más importantes que aprendemos en la vida no surgen de lecciones planeadas, elaboradas y seleccionadas por educadores. Se aprenden de la vida misma. Aprende a aceptar que puede que no sepas exactamente lo que tu hija está aprendiendo cuando se encuentra profundamente interesada en un tema específico o inmersa en una actividad particular. Confía en que eso es precisamente lo que necesita para su crecimiento y desarrollo.

A menudo, nuestras creencias limitantes pueden dificultar nuestra capacidad para explorar nuevas perspectivas y posibilidades. Estar dispuestos a dejar atrás lo que creemos saber y abrirnos a nuevas ideas puede señalar el camino hacia un mayor crecimiento y comprensión. Cada aventura, proyecto o logro significativo empieza con un primer paso, y este libro está aquí para ayudarte a dar ese primer paso en tu camino.

Para mirar la educación desde un punto de vista fresco y sin prejuicios, es esencial dejar atrás tus creencias preconcebidas. Este enfoque te llevará a un mayor entendimiento y a la capacidad de superar las limitaciones autoimpuestas. ¿Cómo puedes lograr este cambio y adoptar una nueva perspectiva? El único requisito es renunciar a todo lo que crees saber y abrazar la idea de no saber, ya que solo aquel que no sabe puede mirar con una mente abierta. Te animo a pensar como lo haría una científica, dispuesta a explorar sin escepticismo.

Vive tu vida. Deja que tu hija viva la suya. Juega hasta que tu cuerpo diga basta. Disfruta de toda la semana como si fuera sábado. Y borra los pensamientos escolarizados. Pruébalo. Te sorprenderás. Concéntrate en el momento presente en lugar de preocuparte por el futuro. Disfruta de la vida tal como viene. No puedes prever cómo será el futuro.

Ten confianza en tu hija. Cree en sus habilidades. Si no confías en ella, le será difícil triunfar.

Recuerda: Es imposible no aprender.

FALSO

- Solo los docentes están calificados para enseñar, especialmente en materias como matemáticas y ciencias.
- Los niños deben estar en un edificio escolar cinco días a la semana durante años para aprender y socializar.
- Siempre se les debe decir a los niños qué hacer y supervisarlos constantemente.
- Hay ciertas cosas que deben aprenderse a una edad determinada.
- Los niños deben agruparse exclusivamente por edad.
- Las notas y los exámenes son elementos esenciales en la educación.
- El juego no es importante; es una actividad extra después del trabajo.
- Los padres y los estudiantes tienen poca influencia en las decisiones relacionadas con el aprendizaje.
- Cumplir con la coerción es beneficioso y crea ciudadanos responsables.

VERDAD

- Los niños pueden co-aprender, alternando entre guiar, enseñar, facilitar y aprender, según su experiencia, temperamento y circunstancias.
- El aprendizaje ocurre de manera natural en cualquier momento y lugar.
- Los niños deben tener la opción de unirse a grupos o estar solos, según sus preferencias. Sin embargo, puede haber situaciones en las que los niños más jóvenes requieran la protección y orientación de compañeros de aprendizaje mayores para su seguridad y adquisición de conocimientos valiosos.
- Los niños pueden aprender lo que deseen cuando lo necesiten o deseen.
- Los niños se benefician enormemente al interactuar y jugar con personas de todas las edades.
- Las formas más efectivas de que los estudiantes hagan un seguimiento de su progreso incluyen la autoevaluación, la reflexión y la retroalimentación constructiva. No obstante, puede haber situaciones en las que los estudiantes elijan utilizar calificaciones y exámenes como herramientas valiosas para evaluar su progreso.
- El juego es la forma natural en que los seres humanos aprendemos.
- Los estudiantes y sus familias deben tener la voz principal en sus decisiones de aprendizaje.
- La forma más eficaz de criar ciudadanos responsables es a través de los principios de libertad y democracia.

Aquí tienes una selección de libros que pueden ayudarte en el proceso de desescolarizar tu mentalidad:

- #vidasincole de Marta Obiols Llistar
- Unschooling: Un estilo de vida lleno de aprendizaje, de Sara McGrath traducido por Priscila Salazar
- Radical Unschooling, una revolución ha comenzado, de Dayna Martin
- Yo nunca fui a la escuela, de André Stern
- Aprendizaje Supraescolar: Una perspectiva más allá de los paradigmas escolares, de Priscila Salazar
- Los libros de Rebeca Wild: Educar para ser. Vivencias de una escuela activa. Libertad y límites. Amor y respeto. Lo que los niños necesitan de nosotros. Etapas del desarrollo. Aprender a vivir con niños. Ser para educar.
- Aprender a educar (niños y adolescentes) de Naomi Aldort
- Dar Voz al Niño de Yvonne Laborda (Blog de Crianza Consciente y Unschooling https://yvonnelaborda.com)
- Sin escuela, de Laura Mascaró

Y Bogs:

- https://rebeckakoritz.com
- https://desescolarizados.com
- https://educoencasa.com
- https://unschoolingaprendoenlibertad.wordpress.com

En Inglés

- How Children Learn by John Holt
- The Unschooling Handbook by Mary Griffith
- Dumbing Us Down: The Hidden Curriculum of Compulsory Schooling by John Taylor Gatto
- Free to Learn by Peter Gray
- Unschooled: Raising Curious, Well-Educated Kids by Kerry McDonald
- Why Are You Still Sending Your Kids to School? By Blake Boles
- An Unschooling Manifesto by Marla Taviano
- Unschooling Rules by Clark Aldrich
- Sage Homeschooling: Wild and Free by Rachel Rainbolt

¡y muchos más!

"Las escuelas asumen que los niños no están interesados en aprender y no son muy buenos en ello, que no aprenderán a menos que se les obligue, que no pueden aprender a menos que se les muestre cómo, y que la forma de hacer que aprendan es dividir el material prescrito en una secuencia de pequeñas tareas que deben dominarse una a la vez, cada una con su 'porción' y 'impacto' apropiados. Y cuando este método no funciona, las escuelas asumen que hay algo mal en los niños, algo que deben intentar diagnosticar y tratar."

John Holt

Los intereses son poderosos

Los intereses son temas, ideas, cosas, asuntos y eventos que fascinan y despiertan la curiosidad de tu hijo. Lo que podría parecer una obsesión con un tema en particular, un libro, un animal o un deporte, proporcionará un estupendo trampolín para un aprendizaje continuo. Cualquier interés, ya sea de los más comunes hasta los más raros (¿quién somos nosotros para etiquetarlo como raro?), se convierte en el motor perfecto para mantener a tu hijo en constante proceso de aprendizaje.

El poder de los intereses impulsa el aprendizaje. Tu hijo aprende de manera más efectiva cuando lo involucras en actividades cotidianas basadas en sus intereses. Estos intereses le ayudan a pensar con mayor claridad, comprender más profundamente y recordar con mayor precisión.

Para descubrir lo que le interesa a tu hijo, obsérvalo a lo largo del día en la mayor cantidad de actividades posible.

Una vez que descubras los intereses de tu hijo, puedes incorporarlos a lo largo del día para aprovechar todas las oportunidades de aprendizaje. No obstante, evita convertir sus intereses en una lección formal, ya que esto apaga el interés rápidamente. En su lugar, deja que tu hijo tome la iniciativa. Permítele que te muestre y cuente lo que le apasiona sobre sus intereses. Los niños se muestran más abiertos, hablan incansablemente sobre lo que les interesa, permitiéndote ver de manera natural su proceso de aprendizaje, sin necesidad de evaluar si están aprendiendo o no.

Cuando un niño queda asombrado, por ejemplo, por las hormigas, lee libros sobre ellas, memoriza los nombres de los diferentes tipos y las funciones de la reina y las obreras, busca información en Internet sobre su alimentación y otros detalles, ve videos sobre dónde habitan y luego te lo explica todo con entusiasmo, no es necesario proponerle que se siente a hacer un proyecto educativo, una redacción o un examen sobre lo que ha aprendido. Está aprendiendo. Tu hijo piensa que está jugando (porque, en realidad, investigar sobre su tema favorito es una forma de juego), pero tú vas a ver que realmente está aprendiendo. Como mencioné anteriormente, para ellos, jugar y aprender son una misma cosa.

Mi hijo estuvo completamente fascinado durante un tiempo con los mapas del mundo, atlas, países, capitales, montañas, ríos y edificios. Aprendió y memorizó mucha información jugando (mirando, observando, estudiando, explorando) con mapas. Mientras se divertía siguiendo sus intereses, aprendió un montón. No fue necesario evaluar sus habilidades en geografía. Era obvio.

Al seguir los intereses y participar en las actividades diarias en casa, ofrecemos a nuestros niños muchas más oportunidades de aprendizaje que las que tienen en la escuela. Las criaturas están naturalmente motivadas para aprender. Tu hijo es más propenso a explorar sus pasiones que a sumergirse en temas que no le entusiasman tanto. Resulta mucho más fácil fomentar el aprendizaje en áreas como historia, ciencia o matemáticas cuando un niño ya siente un interés genuino por ellas.

Al respaldar sus pasiones e intereses, también le estás ayudando a destacar en otras áreas. Cuando apoyas sus intereses, sin importar lo peculiares o diferentes que sean, se siente comprendido. Tu apoyo y aliento le recuerdan cuánto lo quieres, pase lo que pase.

¿Cómo apoyar sus intereses?

Busca libros, vídeos, páginas web, museos y talleres sobre el tema. Regala juguetes, materiales o un kit relacionado con el tema. Haz preguntas y escucha sin juzgar. No corrijas demasiado rápido, incluso si menciona datos incorrectos. Los aprenderá en su momento.

Seguir los intereses de tu hijo puede llevarte a experiencias de aprendizaje increíbles que nunca habrías imaginado explorar. Pero no confundas seguir los intereses de tu hijo con infiltrar tus lecciones y temas de estudio. No hay necesidad de dar lecciones cuando un niño ya está aprendiendo. Recuerda, tu hijo está al mando. Los niños pueden seguir sus intereses únicos, su curiosidad y su imaginación para aprender cosas asombrosas. Aprenden porque ven el valor en ellas. Para ofrecer una educación asombrosa, debes permitir que tu hijo dirija el aprendizaje.

Los intereses de tu hijo abarcarán la lectura, la escritura y, sí, también las matemáticas. Si, por alguna razón, al seguir sus intereses ves que no hay mucho aprendizaje en matemáticas, date cuenta de que tu hijo ha aprendido matemáticas simplemente viviendo el día a día, porque en nuestra vida cotidiana, las matemáticas nos rodean (¿Qué hora es? ¿Cuántos minutos en el microondas? El límite de velocidad en la autopista, el dinero que ganas y gastas, las compras, la temperatura, gramos, metros, litros... ¡Están por todas partes!).

Quiero subrayar esto una vez más: no conviertas sus intereses en una lección. No le pidas que escriba una historia sobre lo que le apasiona, que lea y comente un artículo, que haga una presentación o resuma un libro. Mientras tu hijo se sumerge en toda la información sobre su obsesión, está aprendiendo profundamente, de verdad aprendiendo, un aprendizaje significativo. Tu preocupación por la necesidad de practicar la lectura y la escritura (recuerda que es importante desescolarizar) entorpece su hermoso aprendizaje natural. No interrumpas el flujo. Puede que sí o puede que no haya lectura y escritura involucradas. Tal vez vea vídeos en YouTube y no lea, pero confía en mí. Con el tiempo, tu hijo leerá y escribirá.

En la medida de lo posible, da tiempo sin interrupciones para que siga sus ideas e intereses. Esto favorecerá un desarrollo más amplio de sus pensamientos. Proporciona recursos y toda clase de oportunidades en su entorno de aprendizaje. Por ejemplo, si le apetece jugar en la bañera con agua, déjalo pasar toda la mañana experimentando con pajitas, vasos, cucharas y coladores, incluso si no es la hora del baño. Si se les ocurre la idea de armar una tienda de campaña en la sala de estar, déjalo hacerlo y llevar sus juguetes y libros dentro, e incluso pasar algunas noches en ella, aunque las tiendas de campaña se utilicen generalmente para acampar. Estimula su creatividad y sigue sus ideas. Mientras no representen un riesgo para nadie, estas ideas conducirán a otras, y estas nuevas ideas generarán más oportunidades de aprendizaje. No detengas este proceso.

Algunos niños encontrarán motivación para aprender a través de patrones y métodos fácilmente reconocibles. Otros aprenderán y expresarán sus ideas de manera diferente mediante el juego imaginativo, la construcción, la pintura o soñar despiertos. Algunas madres y educadores tienen habilidades para interpretar lo que los niños están aprendiendo y cómo aprenden mejor, pero otras no y entran en pánico. Confía en que cuando ves a tu hijo hacer algo que no parece educativo, en realidad lo es. Confía en él y sigue su batuta.

En caso de que aún no te hayas convencido, aquí te presento algunas razones para seguir los intereses de los niños:

- Si los niños tienen interés, aprenderán.
- Seguir los intereses de un niño fomenta el aumento de su confianza y autoestima.
- Al seguir los intereses de un niño, promueves su desarrollo en todas las áreas académicas.
- Cada niño es un individuo único y debe ser tratado como tal.
- Conocer y apoyar los intereses de tu hijo crea una sólida relación y un vínculo positivo, elementos cruciales para su desarrollo en los primeros años.

¿Cómo puedes ayudar a tu hijo a seguir sus intereses si no tiene ninguno?

Comienza exponiéndolo a todo lo que tienes a tu alrededor. Por ejemplo, involúcrale en actividades que te interesen a ti y lleva a tu hijo a explorar tus propios intereses. Además, llévalo a eventos y actividades en tu ciudad o pueblo. Visita la biblioteca local, museos, centros recreativos y deportivos. Explora el parque natural, las montañas, los ríos, los lagos o las playas más cercanas. Adopta la mentalidad de un turista y haz lo que haría una persona nueva en la ciudad. O, ¿por qué no?, quédate en casa a mirar documentales en Internet sobre temas que puedan interesaros a ambos. A medida que viváis la vida cotidiana y disfrutáis del tiempo libre, los intereses surgirán naturalmente. Tu tarea es poner a tu hijo en situaciones donde aprenderá.

Otra forma de descubrir los intereses de tu hijo es proporcionarle tiempo libre para jugar. Mucho (¡pero que mucho!) juego libre e ininterrumpido fomentará el desarrollo de sus intereses. Una vez que esos intereses aparezcan, asegúrate de darle tiempo libre para explorarlos. Al brindarle tiempo libre para ser productivo, aumentarán sus posibilidades de descubrir lo que realmente le apasiona.

Busca actividades que le permitan explorar aún más sus intereses. Puedes ofrecerle libros, podcasts, películas, documentales, clubes, revistas, clases o incluso la oportunidad de entrevistar a alguien. Sin embargo, es fundamental evitar presionarlo. Recuerda, puedes ofrecer, proporcionar y preguntar, pero tu hijo debe ser el 'piloto' cuando sigue sus intereses. Si le dictas cómo debe explorar su interés, aplastarás su pasión y harás que parezca más un trabajo escolar que otra cosa. Para animarlo a seguir explorando lo que le gusta, permite que tu hijo avance a su propio ritmo y comodidad. Dale las herramientas necesarias y ofrece siempre los recursos que necesite para sumergirse realmente en sus pasiones.

Pero ¿qué pasa si algo es esencial y no les interesa? ¿Cómo van a aprenderlo?

La palabra clave aquí es 'esencial'. Si algo resulta ser absolutamente necesario, tu hijo lo aprenderá. Y si hay algo que consideras muy importante, pero no es esencial, inevitablemente lo asimilará a través de tus conversaciones y ejemplos. Puede que no se convierta en un experto, pero al menos estará familiarizado con ello.

Tómate un momento para reflexionar sobre lo que implica la palabra 'esencial'. Es fundamental no cruzar la calle cuando hay coches circulando, y, por supuesto, todos enseñamos esto a nuestros hijos. Pagar por los artículos que compramos en la tienda es importante, y lo transmitimos a nuestros hijos mediante el ejemplo diario. Asimismo, es esencial cepillarse los dientes a diario, lavar los platos después de cocinar y comer, evitar el contacto con el fuego y el agua hirviente, y cerrar puertas y ventanas cuando hace frío afuera. Todas estas prácticas de suma importancia se aprenden naturalmente al observarlas en la vida cotidiana.

¿Te refieres a cosas esenciales como saber quién es Cervantes, conocer el nombre del autor de la Mona Lisa, reconocer filósofos importantes, y comprender la geografía e historia de tu país? Si tu hijo no muestra interés en aprender la lección que has planeado para él, simplemente no lo hará. Es así de sencillo. A lo mejor memorizará la información para complacerte o buscará formas de evitar hacerlo. El aprendizaje no puede ser impuesto; sucede de manera espontánea y no puede ser coaccionado. Sin embargo, por supuesto, puedes mostrarle e introducirlo a lo que tú consideras importante.

Tu hijo aprenderá cosas importantes si estas están presentes en su vida. Preguntará y se interesará por la historia de tu país si crece viéndote orgullosa de él. Anímalo a acompañarte a una exposición de arte, ya que te gustaría compartir con él grandes obras de arte (sin que se convierta en una lección, solo una exposición). Trae a casa libros clásicos de escritores famosos, habla de ellos durante la cena; no lo obligues a leer, solo preséntale esos libros para que sepa que existen.

Imagina que no ves a tu hijo aprendiendo en absoluto algo que consideras esencial que debería ser aprendido. En este caso, puedes optar por dos enfoques: mostrar, presentar, introducir, exhibir ese contenido, ya sea trayendo materiales a casa o llevándolo a un lugar específico. O puedes esperar hasta que sea un poco mayor, tal vez en la secundaria, y conversar con él, comunicándole lo que piensas. Durante esta conversación, explícale por qué consideras importante que adquiera ese conocimiento en particular y escucha lo que él te responde.

Por ejemplo, mi hijo nunca estudió matemáticas desde que dejó la escuela en cuarto grado. Naturalmente, adquirió conocimientos matemáticos a través de la vida cotidiana, y dado que eligió seguir una carrera de escritor, no necesitaba aprender matemáticas académicas como el álgebra. Por lo tanto, nunca lo presioné para estudiar matemáticas de nivel secundario. Cuando estaba a punto de cumplir 18 años, le expresé que me sentiría más tranquila y responsable como madre si tomaba una clase de matemáticas prácticas. Este curso aborda temas como impuestos, banca, créditos, presupuestos y la compra de viviendas. Estas habilidades se pueden adquirir viviendo la vida, observando, practicando y siguiendo el ejemplo de los adultos que nos rodean. No obstante, mi esposo y yo adquirimos estas habilidades tarde en la vida, por lo que no considero que seamos un buen ejemplo a seguir en este aspecto. Le expliqué a mi hijo que no deseaba que siguiera nuestros pasos en este tema. Él entendió y le pareció lógico tomar esa clase práctica de matemáticas.

Es esencial para el éxito que el estudiante inicie su propio proceso de aprendizaje. Evita la tentación de imponer a tu hijo lo que tiene que aprender. No lo presiones para que adquiera conocimientos en una materia específica que consideras imprescindible. La responsabilidad recae completamente en el estudiante. No obstante, puedes proporcionar información y recursos; por ejemplo, podrías decir:

'He encontrado una clase interesante en la biblioteca para el próximo invierno, ¿te gustaría tomarla?', o 'Descubrí una plataforma en línea llamada Coursera que ofrece una amplia gama de cursos universitarios' o 'Me enteré de que tal niño se ha inscrito en tal clase, ¿te interesa? ¿Quieres probarla?' Ofrece todas las oportunidades que desees, pero deja que él decida por sí mismo y respeta si no está interesado.

¿Te preocupa que si dejas a tu hijo por su cuenta, nunca aprenderá nada? Recuerda, esa preocupación viene porque aún no has desescolarizado tu mente. Olvida la falsa creencia de que tenemos que decir a los estudiantes lo que es importante aprender y cuándo aprenderlo. Tu hijo sabe lo que es importante aprender para él. Los niños son responsables de elegir sus intereses y, con el tiempo, sus metas en la vida. ¿Crees que tu hijo quiere fracasar? Por supuesto que no. Desea lo mejor para sí mismo. Si algo es esencial para su camino educativo, para triunfar en el futuro que ha planeado, lo aprenderá.

Para ofrecer una educación perfecta a tu hijo, es esencial reconocer que no todas las personas necesitan la misma educación. Cada uno requiere recursos diversos para triunfar.

Ten en cuenta que los niños deben ser niños y cumplir su función principal: JUGAR.

Aquí te doy el ejemplo de los intereses de mis tres hijos y hacia dónde los llevaron:

El primero: Trenes y coches, el tren Thomas, animales marinos, armas, lectura, Playmobil, Legos, tiro con arco, historia, política, temas de actualidad, videojuegos y ciencia lo condujeron a convertirse en un escritor.

La segunda: Diego y su jaguar, gatos, perros, ratas, caballos, lectura, animales, música, piano, violín, flauta, componer música, más animales, cocinar, más música, más libros, correr, atletismo, trepar árboles, escalar en roca, equitación, estudios académicos, medicina y acrobacias circenses, la llevaron a una universidad en Europa especializada en educación de artes circenses para atletas.

El tercero: Pelotas y coches, deportes, bloques de construcción, mapas, Playmobil y Legos, más deportes, lectura, música, trepar árboles, correr, gimnasia, montar a caballo, videojuegos, construir y diseñar, Minecraft, matemáticas, cocina y fútbol lo llevaron a inscribirse en una escuela pública para tener una mejor oportunidad de entrenamiento de fútbol. También lo impulsaron a empezar a invertir dinero, operar en bolsa y volverse emprendedor.

Por supuesto, todos esos intereses se entrelazaron con los míos (natación, días en la piscina, viajes, museos, películas) y con la vida cotidiana.

Mis tres hijos están contentos con el camino que han elegido en la vida.

El escritor busca una vida tranquila y sin estrés. Para él, triunfar es plasmar el mundo imaginario que ha nutrido en su mente durante años en el papel, para que los lectores puedan disfrutarlo. Para mí, es un verdadero éxito que más de una editorial desee publicar su libro.

La atleta sueña con volar con su cuerda. Su meta es formar parte del Cirque du Soleil y recorrer el mundo a su lado. Para ella, la idea de trabajar rodeada de músicos y atletas excepcionales es triunfar. En mi opinión, el hecho de que ser una artista circense signifique tener un empleo bien remunerado y disfrutar de una vida asombrosa es un triunfo.

El futbolista persigue la libertad, evitando trabajar de nueve a cinco y sin preocupaciones económicas. Para él, triunfar significa ser financieramente sabio y vivir según sus deseos. Está orgulloso de sus logros, trabaja activamente en sus metas y sabe que su carrera como futbolista puede no despegar, pero el crecimiento de sus inversiones y su perseverancia son un triunfo en mi opinión.

Cultivar la individualidad de tu hijo es uno de los regalos más valiosos que puedes darle. Cada niño aprende de manera única y se siente atraído por diferentes intereses. Al respaldar esos intereses, estás preparando a tu hijo para el éxito.

Los intereses de tu hijo pueden cambiar, y está bien permitirle dejarlos cuando ya no sienta pasión por seguir adelante. Es importante recordar que dejar no siempre es algo negativo.

Confianza y apoyo.

"Los niños no necesitan que los obliguen a aprender
sobre el mundo ni que se les muestre cómo. Quieren
hacerlo y saben cómo."
John Holt

Jugar motu proprio

La naturaleza creó un proceso para permitir que nuestro complejo cerebro humano se desarrolle: jugar.

Jugar de forma voluntaria, por propia iniciativa, es decir, sin que tú lo dirijas, *motu proprio.*

A muchas personas les resulta difícil creer que el éxito de nuestros hijos dependa del juego. A menudo perciben el juego como una actividad inútil, llegando incluso a considerarlo una pérdida de tiempo o un premio por el esfuerzo. Sin embargo, el juego es mucho más que eso. Es el proceso necesario para que los niños aprendan. No lo reprimas.

El juego libre abarca una amplia variedad de actividades intrínsecamente motivadas, destinadas a proporcionar placer y entretenimiento. Pero no te confundas. El placer y el entretenimiento no están desconectados del trabajo, y el juego no siempre es lo opuesto al trabajo. De hecho, el juego puede ser tan estructurado y serio como el trabajo.

El acto de jugar desencadena una serie de beneficios físicos, mentales, sociales y emocionales tanto en niños como en adultos. Además de promover un cuerpo saludable y mejorar las habilidades motoras, la flexibilidad, el equilibrio y la coordinación, también contribuye a mantener una mente más saludable.

Jugar fomenta el crecimiento cerebral, especialmente del cerebelo (responsable del control motor) y del hipocampo (considerado el centro de las emociones y la memoria, en especial la memoria a largo plazo). Además, contribuye al desarrollo del pensamiento divergente (la capacidad de generar muchas soluciones independientes para un mismo problema).

Ratos de juego libre y desestructurado suele dar lugar a juegos nuevos con normas inventadas sobre la marcha, potenciando la creatividad y mejorando la productividad. Los peques que disfrutan de lo que hacen a diario se implican más, lo que se traduce en un mayor ánimo y en la disposición a esforzarse más.

El juego libre potencia el desarrollo de habilidades sociales y emocionales en los peques, fomentando la autorregulación y el sentimiento de pertenencia. Además, ayuda a fortalecer la inteligencia emocional, impulsando la confianza y la capacidad para trabajar en equipo.

Jugar de forma espontánea ayuda a reducir el estrés y la ansiedad. Sumergirse en el juego refuerza las estrategias para enfrentar los desafíos y resulta en una perspectiva más positiva de la vida. Los ratos de juego sin estructura ofrecen oportunidades para que los peques compartan, negocien, resuelvan conflictos y lleguen a acuerdos, ayudándoles a ser mejores personas.

El juego espontáneo proporciona valiosas oportunidades para estimular la curiosidad de los niños. La curiosidad es la chispa que enciende el aprendizaje, sin ella los niños no aprenden. Restringir a los niños de disfrutar del juego libre no solo se asocia al crecimiento de los trastornos por déficit de atención/hiperactividad, sino que también se considera una forma de abuso.

Déjalos jugar.

Jugar es el trabajo de los niños. Es su forma natural de aprender, explorar, experimentar y practicar. El juego conducirá a tu hija hacia un aprendizaje avanzado, una exploración profunda y una inmersión total en la exploración. Créeme cuando te digo que la llevará hacia su futuro trabajo. Tu hija no notará la diferencia entre jugar y aprender; cuando crezca, no percibirá la diferencia entre el juego y su carrera.

El juego libre, autodirigido y por propia iniciativa es el tren al que tu hija debe subirse para mantenerse en curso, sin desviarse ni perderse en el trayecto, y así pueda alcanzar una vida asombrosa.

> "Los niños y niñas no juegan para aprender, pero aprenden porque juegan." Jean Piaget

"¿Estoy dejándola jugar demasiado tiempo?", se preguntan algunas mamás.

¿Cómo hemos llegado a este punto en el que algunas madres se cuestionan si permitir que sus hijos jueguen mucho puede ser perjudicial? Es fundamental entender que el juego es tan esencial como proporcionar agua, comida, refugio y amor. No existe tal cosa como darles demasiado tiempo para jugar; es como preguntarse si estás proporcionando demasiado aire para respirar.

El tiempo dedicado al juego es vital para el desarrollo de un niño. Después de cubrir las necesidades básicas como techo, ropa, comida, agua, descanso y amor, el juego se vuelve igual de esencial y necesario. Permitir que tu hija juegue mucho es de suma importancia. Brindarle tiempo libre para jugar es una parte fundamental de su educación y crecimiento personal.

Jugar no significa que tengas que participar activamente con ella; el juego es cualquier actividad que un niño elige realizar por su propia voluntad, porque le gusta, se divierte o le interesa. Por ejemplo, si decide tomar un libro y leerlo, eso también es jugar. Si le apetece cocinar, también es jugar.

El juego es de vital importancia para su educación y desarrollo. ¿Cómo puedes darle demasiado de algo tan crucial?

Recuerdo cuando saqué a mi hijo de la escuela a los 9 años y lo veía en casa, en el suelo, jugando con sus Playmobil durante horas. Mi primer pensamiento fue: 'Ay, madre mía, un niño de cuarto de primaria jugando todo el día cuando debería estar practicando divisiones como los niños de la escuela'. Pero luego, mi mentalidad educada, con mucho conocimiento sobre educación, psicología y desarrollo saludable de los niños, me corregía y decía: 'Juega, hijo mío, juega. Es saludable. Durante muchos años no te permitieron jugar en libertad'.

Lo mejor que un adulto puede hacer por un niño es darle tiempo y espacio para jugar. No se necesitan demasiados juguetes, ni es necesario intervenir excesivamente con actividades dirigidas. No interrumpas el juego de los niños ni los incites a jugar de acuerdo con tus expectativas. Tu papel es preparar un espacio de juego seguro y atractivo con materiales apropiados para su edad. Luego, debes observar, sin dirigir, juzgar ni sugerir.

Al jugar, los niños están implicados, atentos y concentrados porque están disfrutando y aprendiendo, pero, sobre todo, porque están realizando un trabajo esencial para su desarrollo. Y en la vida, hay pocas cosas tan importantes como esta.

El juego surge de manera natural y espontánea, en cualquier lugar y en cualquier cultura del mundo. Los niños no piensan en lo que pueden aprender antes de empezar a jugar, pero, a través del juego, adquieren y desarrollan una amplia gama de habilidades. Los niños aprenden jugando, pero eso no lo es todo. Además de trabajar en sus habilidades, el juego les permite crecer y madurar de manera equilibrada. Es la tarea más importante en la etapa de la vida en la que se encuentran. Cuando un niño es feliz, tiene sus necesidades cubiertas y disfruta de las condiciones para jugar y experimentar, su mente absorbente le impulsa al aprendizaje.

Jugar es algo muy serio.

"Pensamos en términos de adquirir una habilidad primero, y luego encontrar cosas útiles e interesantes para hacer con ella. La forma sensata, la mejor forma, es comenzar con algo que valga la pena hacer y luego, impulsados por un fuerte deseo de hacerlo, adquirir las habilidades necesarias."

John Holt

Las tres principales preocupaciones: Lectura, Escritura, Matemáticas

"Creo que enseñar a leer es principalmente lo que impide
la lectura. Diversos niños aprenden de diferentes maneras.
Considero que leer en voz alta es divertido, pero nunca lo
haría con la intención de que un niño aprenda a leer. Lees
en voz alta porque es entretenido y complaciente. Tienes a
un niño, sentado a tu lado o en tu falda, disfrutando de una
historia que te divierte. Si la experiencia no es acogedora,
feliz, cálida, amigable y llena de amor, entonces no deberías
hacerlo. No será beneficioso."

John Holt

Forzar a leer daña el amor
por la lectura

No puedo estar más de acuerdo con John Holt cuando afirmó: 'Creo que la instrucción en lectura es el enemigo de la lectura'.

Aprendí a leer en la escuela cuando era una niña pequeña. Descifrar cada palabra en un libro no me resultó difícil, pero nunca disfruté de la lectura. No entendía por qué a algunas personas les parecía divertido. Los libros que leíamos en clase me resultaban muy aburridos. Los maestros nunca se tomaron el tiempo de encontrar un libro que pudiera interesarme.

No descubrí el placer de la lectura hasta que llegué a mis veinte años. Fue gracias a un buen amigo que, conociéndome a la perfección, me sugirió probar un libro de un autor de novelas románticas que sabía que encajaría perfectamente con mis gustos. Devoré cada libro escrito por este autor y, finalmente, entendí lo que era disfrutar de la lectura.

Lo que no lograba disfrutar eran los libros que la escuela nos asignaba. Durante años, me sumergí en novelas románticas una tras otra, saboreando la lectura como nunca antes. Luego, mi interés se amplió hacia las memorias, seguidas por la distopía. Una vez que agoté ese repertorio, me intrigaron los libros populares y más vendidos, los cuales también disfruté. Después, exploré los libros de la autoayuda, la crianza y la educación. Y me convertí en una auténtica ratona de biblioteca.

Te cuento esto para resaltar la importancia de permitir que los niños elijan qué libro leer y respetar su decisión si no están interesados en una lectura que tú consideras obligatoria. Fomentar su amor por la lectura es mucho más valioso que imponer una lista de libros que "deberían leer", ya que esto podría convertir la lectura en una tarea aburrida.

Dado que estaba obsesionada con que mis hijos no fueran como yo cuando era niña (nunca leí un libro), traté los libros en nuestro hogar como parte de nuestros juguetes, actividades y rutina. Nunca los traté como una tarea que debiera practicarse. Más bien, los vivíamos como una actividad divertida. Aprender a leer requiere motivación, y amar los libros proporciona esa motivación para tu hija.

Compra libros infantiles como regalos, llévala a la biblioteca y anímala a tomar prestado lo que le atraiga. Ofrece momentos de tranquilidad para la lectura, incluso si solo explora las imágenes, y fomenta los libros como valiosas fuentes de placer y aprendizaje.

Dicho esto, déjame guiarte sobre cómo los niños aprenden a leer.

Lee en voz alta a tu hija desde el primer día. Hace mucho tiempo, cuando inicié mi carrera como maestra, una querida compañera veterana me dijo: 'Lee, lee, lee, y algún día el niño te leerá a ti'. Ahora me toca a mí compartir este sabio consejo porque es sencillamente asombroso.

Leer en voz alta es una de las mejores cosas que puedes hacer. Comienza tan pronto como puedas. Lee cualquier cosa que ella quiera. La mayoría de los niños disfrutan de los libros ilustrados. Si esta tarea te resulta aburrida, busca a alguien que lo haga por ti o utiliza audiolibros. Como a mí no me gustaba esa tarea, mi esposo asumió la responsabilidad y les leía a nuestros hijos todas las noches antes de dormir.

Enseñar a leer no es instruir, es facilitar. La clave radica en los pasos que tomas para proporcionar el mejor entorno de aprendizaje para tu hija. Ella es quien realiza todo el trabajo, tú simplemente provees, suministras las herramientas, el tiempo y la guía. El aprendiz realiza la parte más importante.

Crea un entorno rico en lenguaje y literatura. Coloca todo tipo de libros, especialmente infantiles y aquellos fáciles de leer, atlas, mapas, menús, catálogos, revistas, instrucciones, recetas y cartas o mensajes tuyos, en los lugares donde tu hija juega y descansa. Cuando el entorno está lleno de texto, tu hija leerá mientras juega porque será parte de su juego.

Modela la lectura de izquierda a derecha y ayuda a tu hija a reconocer el texto señalando letras y palabras repetidas. Además, señala letreros a tu alrededor, letras en revistas, cajas de cereales o pizza, envases de leche o jugo, y cualquier cosa que encuentres a tu alrededor.

Etiqueta algunos objetos en tu casa y en su habitación, especialmente para ayudarla a organizar sus juguetes y ropa. A las criaturas les encanta saber dónde poner sus juguetes cuando llega el momento de recogerlos. Además, coloca mensajes cerca de la pared de su cama que digan 'Buenas noches', 'Te quiero' o su nombre.

Lee libros con repeticiones y sonidos similares. Pídele a tu hija que intente adivinar qué palabra podría venir a continuación.

Otra tarea que debes llevar a cabo para facilitar el aprendizaje de la lectura es practicar y ejercitar la habilidad de reconocer y manipular los sonidos. Puedes hacerlo durante el día mientras la bañas, cocináis juntas o vais en coche.

Juega con juegos de rimas, inventa una canción con palabras que rimen y crea rimas divertidas (por ejemplo, 'Tengo un gato pato. Tengo una cama rama. Tengo una rana sana'). Además, inventa finales diferentes o cambia palabras en rimas, poemas, canciones o cuentos cortos que tu hija haya memorizado y observa si puede descubrir qué cambiaste.

Juega a juegos auditivos; pídele a tu hija que cierre los ojos e identifique el sonido (por ejemplo, arrugar o rasgar papel, hacer ruido en una mesa con tus uñas, botar una pelota, abrir una bolsa de patatas fritas, morder una tostada). También puedes crear secuencias de sonidos y pedirle que recuerde la secuencia. Recuerda, estos son juegos para disfrutar y divertirse, no lecciones formales.

Juega a "Veo, veo" y menciona objetos que veas que comiencen con ciertos sonidos.

Elimina sonidos en palabras y observa si tu hija puede identificar el sonido que falta.

Marca el ritmo (golpeando, aplaudiendo) de tu nombre, su nombre, palabras, canciones y poemas, dividiéndolos en sílabas.

Practica aliteraciones divirtiéndote con la creación de oraciones graciosas que contengan sonidos similares sobre objetos cotidianos, como 'Tienes tres tazas de té' o 'Carla cocina caramelos con coco', y la típica 'Mi mamá me mima mucho'.

Juega experimentando con todos los fonemas sonoros y sordos (/f/: /v/), por ejemplo, poniendo su mano en tu laringe para sentir las vibraciones.

Cuando tu hija esté preparada, utiliza recursos simples pero efectivos y mantén una actitud positiva. Cuando esté lista, lo dominará rápidamente, así que no tiene sentido forzarlo antes y complicarlo más de lo necesario. Si comienzas a ayudarla a leer y notas que tiene dificultades con lo básico, simplemente pospón el proceso unos meses. Espera hasta que muestre interés y esté progresando.

¿Cómo sabes si un niño está listo?

Si observas que tu hija muestra un interés genuino por la lectura, ya sea jugando a leer, intentando descifrar palabras por sí misma o buscando ayuda para entender aquellas que captan su atención, está preparada para empezar a aprender. Este interés puede surgir a la temprana edad de cuatro años o manifestarse más adelante, incluso a los diez años. La amplitud de este rango genera inseguridad y preocupación, pero es importante recordar que cada niño tiene su propio tiempo de desarrollo. Aunque la mayoría comienza a leer alrededor de los cinco o seis años, hay quienes lo hacen a los ocho, y otros inician su proceso de lectura más tarde, a los doce, trece o catorce años. Este diverso espectro refleja la singularidad de cada niño y el camino único que siguen en su viaje hacia la lectura.

Si tu hija es capaz de:

- Reconocer que el texto es diferente de las imágenes en los libros.
- Preguntar sobre el significado de letreros o palabras.
- Alinear juguetes o crear patrones.
- Concentrarse en el juego.
- "Cruzar la línea media" (es decir, alcanzar de un lado de su cuerpo al otro).

Entonces, está lista para comenzar a aprender a leer.

Para ayudar a tu hija a aprender a leer, es fundamental destacar la conexión entre las formas de las letras y los sonidos correspondientes. Ya sea a los 3 o a los 7 años, en algún momento estará lista para aprender fonética. Retrasar la enseñanza del reconocimiento de letras es una buena idea. Espera hasta que su mente haya tenido suficiente tiempo para explorar diferentes palabras y sonidos.

Comienza con las letras de su nombre, ya que son significativas para los niños. Por ejemplo, si el nombre de tu hija es Marta, como el mío, aprenderá sobre la m, a, r y t. No obstante, si a tu hija le fascinan los coches, los gatos o la pizza, esas palabras también son importantes; utilízalas.

Para cada sonido de letra, puedes llevar a cabo diversas actividades dependiendo del lugar en el que te encuentres. Puedes dibujar la letra en un papel, en la arena o en la ventana de un coche. También, copiar la letra y darle forma con plastilina o una cuerda. Las oportunidades para la lectura surgen mientras tu hija juega, cocina o come. Practica la lectura y la escritura simplemente trazando el nombre de tu hija en la harina o la salsa de tomate mientras preparas una pizza. Utiliza verduras y frutas para componer su nombre en su plato. O bien, utiliza arándanos o chispas de chocolate para escribir una letra en un pastel. ¡Las posibilidades son infinitas!

Descubre el sonido en las palabras allá donde mires: en señales, títulos, libros, cajas de cereales y bebidas. Diviértete con las letras magnéticas, elige una letra de entre un grupo de letras de madera o cartón, esparce las letras de plástico en el suelo y haz que tu hija aterrice solo en el sonido que está aprendiendo. Algo tan sencillo como un paseo por el supermercado ofrece muchas oportunidades de lectura, como leer etiquetas, nombrar verduras que empiecen con una letra específica y leer letras de revistas o envases junto a la caja.

Crea libros de letras, recorta imágenes y dibuja representaciones de objetos que comiencen con el nuevo sonido. Además, cada vez que tu hija domine una letra, colócala en la pared de su habitación o crea un collar con las letras. A mis hijos les encantaba jugar con letras de espuma flotando en la bañera. Cada vez que tomaban una, yo pronunciaba el sonido correspondiente.

Una vez que tu hija se familiarice con las letras de su nombre, introduce el resto de las letras y sus sonidos. Algunos especialistas en lectura prefieren seguir este orden:

a, i, o, e, u

l, m, s, p, d, n, f, t
r, rr, b, v, g, j, c, q, z, y, ll
h, ch, k, ñ, x, w

Al enseñar las letras de esta manera, tu hija puede empezar a formar palabras rápidamente. Después de aprender las primeras letras, podrá crear palabras como "si", "no", "la", "mi", "mano", "sapo", "palo", jugar con el cambio de vocales (dado, dedo, duda) y leer frases como "La mano es mía" y "El sapo es mío". Introducir las letras y animar a tu niña a comenzar a formar palabras casi de inmediato crea un gran sentido de orgullo. Comenzar con letras minúsculas es útil, ya que gran parte de la escritura en nuestra vida cotidiana se realiza en minúsculas, pero no es obligatorio. Con el tiempo, aprenderá tanto las letras mayúsculas como las minúsculas. Si tu hija está aprendiendo las letras con facilidad, avanza a la combinación de sonidos (gr, bl, tr, br, nj). Ofrece muchas oportunidades para combinar los sonidos de las letras.

Aprender a leer y escribir van de la mano, por lo que, mientras se familiariza con los nuevos sonidos, también los practica escribiéndolos. Sin embargo, no se debe forzar a escribir si no muestra interés. Si aún no está lista para utilizar papel y lápiz, es recomendable esperar hasta que sus manos estén preparadas, fortaleciéndolas con otras actividades como jugar con plastilina o Legos. Puede utilizar diversos materiales, como escribir en la computadora o tu móvil. También puede seguir utilizando letras magnéticas, de espuma y las del juego Scrabble para divertirse mientras aprende.

Los libros repetitivos, como los de la colección 'De la Cuna a la Luna', 'Oso Pardo, Oso Pardo, ¿Qué Ves Ahí?' y 'Oso Polar, Oso Polar, ¿Qué Es Ese Ruido?', son herramientas excelentes. Tu hija puede concentrarse en algunas palabras nuevas al repetir la frase inicial ya conocida.

Utiliza libros de lectura sencillos con mucha repetición. También puedes optar por cartillas de lectura ideales para comenzar y practicar, o utilizar materiales similares a los mini libros de Educación Infantil Santillana, como 'Letras de Colores, lectoescritura'. Incluso puedes crear tus propios mini libros. Además, escucha audiolibros y avanza las páginas en el momento adecuado. Crea libros ilustrados que incluyan las palabras recién aprendidas. ¡Y modela cómo lees!

Algunos niños captan automáticamente las pautas, mientras que otros pueden necesitar ayuda adicional. Hay niños que descubren rápidamente que las letras "c" y "h" juntas tienen un sonido diferente que cuando están separadas, mientras que otros pueden necesitar que un adulto se los señale. No tengas expectativas fijas. Cuando un niño sigue su propio ritmo, es importante aceptar que podría aprender a leer mucho más tarde de lo que desearías.

La fonética (los sonidos de las letras) no es la única forma de aprender a leer. Los niños también necesitan desarrollar otras habilidades. Otras actividades que debes hacer para ayudar a que tu hija se convierta en lectora son la secuenciación, la escritura, el significado (semántica) y la comprensión.

La secuenciación se refiere al orden de las letras. Podéis disfrutar de juegos que ayuden a colocar las letras de las palabras en el orden correcto. Por ejemplo, tomando mi nombre, para deletrear "Marta", no puedes escribir "Mtraa". Las letras deben estar en el orden correcto. Divertiros jugando con palabras sencillas primero. Las palabras sencillas siguen la estructura consonante-vocal-consonante, por ejemplo, sol, sal, pan, dos, mar, sed. También podéis probar con palabras como mamá, gata, rata y cama (...y, bueno, ya sabes, ¡seguro aprenderá las dos palabras mágicas: caca y pipí!)

Para convertirse en lectores, los niños deben aprender a leer palabras organizadas de manera que comuniquen mensajes con sentido. Es esencial que trabajen con palabras y oraciones que tengan un significado real. Puedes crear fácilmente un libro personalizado utilizando papel y bolígrafo. Por ejemplo, ponle el título '**Me gusta comer**' y en cada página escribe cosas que a tu hija le guste comer:

Página 1: Me gusta comer plátanos.
Página 2: Me gusta comer helado.
Página 3: Me gusta comer chocolate.
Página 4: Me gusta comer pizza.
Página 5: Y no me gustan las zanahorias.

Leer libros personalizados es más significativo que leer sobre lo que le gusta comer a un personaje ficticio. El aprendizaje personalizado aumenta la motivación y la implicatión de los estudiantes. Puedes crear muchos mini libros, como por ejemplo, '**Mi Familia**':

Página 1: Tengo una mamá.
Página 2: Tengo una abuela.
Página 3: Tengo dos hermanos.
Página 4: Tengo un perro.
Página 5: Tengo tres tíos.

Los niños disfrutan de la lectura cuando pueden leer fácilmente los mensajes en la página impresa, sin esfuerzo, y observan cómo las ideas se entrelazan para crear historias significativas. Para leer de verdad (no simplemente decodificar), los niños necesitan comprender la idea principal transmitida por los libros. Si la lectura se vuelve frustrante y deja de ser divertida, déjalo, no la fuerces y vuelve a libros más sencillos.

¿Y si un niño no tiene interés en aprender a leer? Esta es una de las inquietudes más comunes, junto con aprender a escribir y matemáticas.

Sin embargo, esto rara vez sucede. En nuestra sociedad, la lectura se presenta como una herramienta de comunicación fundamental. Las personas poseen una motivación innata para expandir su capacidad de comunicarse, y esta motivación intrínseca lleva a que los niños quieran aprender a leer.

La lectura forma parte de nuestra cultura. Si tú lees y todos a tu alrededor también lo hacen, y además, hay material de lectura en el entorno de los niños, estos querrán aprender a leer y, en gran medida, se enseñarán a sí mismos a hacerlo porque desean participar plenamente en la sociedad.

Aprender a leer es una experiencia única para cada niño. Algunos pequeños captan los sonidos de las letras y leen palabras sencillas como "pez", "mar" y "sol". Otros optan por memorizar palabras o utilizan libros con imágenes que les ayudan a descifrarlas. Incluso he conocido a familias cuyos hijos aprendieron a leer viendo televisión con subtítulos y otros a través de videojuegos.

Tu hija aprenderá de forma natural. Si su entorno está lleno de textos, se interesará, se sumergirá en ellos y comenzará a aprender con tu ayuda.

La mejor manera de ayudar a tu hija a aprender a leer es simplemente no estresarse. Sucederá. Relájate y no lo fuerces. Presionar a un niño cuando no está listo puede convertirse en una carga demasiado pesada, bloqueando su proceso natural y perjudicando su desarrollo.

Por favor, no te preocupes si sientes que todo lo que has leído en este capítulo te resulta muy difícil. Si te he agobiado con tanta información o lo ves complicado, ten en cuenta que existen varios recursos en línea y aplicaciones que pueden hacerte más fácil este trabajo. Si no eres partidaria de que los niños pequeños utilicen internet, algunas bibliotecas cuentan con tabletas sin acceso a la red y aplicaciones ya descargadas para que tu hija aprenda letras, palabras y lectura. También disponen de muchos DVD diseñados para ayudar a los niños a aprender a leer.

Y si no eres fan de los dispositivos electrónicos, hay muchos juegos educativos y entretenidos diseñados específicamente para la infancia, facilitando el aprendizaje de la lectura de manera autónoma, natural y gradual. Estos materiales manipulativos ayudan a los niños a experimentar y descubrir la lectoescritura a su propio ritmo.

Para apoyar a tu hija en el aprendizaje de la lectura, también puedes contar con la ayuda de un tutor de lectura, un maestro, o incluso otra madre que esté educando en el hogar. No estás sola.

Es vital recordar que cada niño sigue su propio ritmo de desarrollo. Algunas familias, al notar que todos los niños están leyendo excepto el suyo, sienten pánico. Este es un paso tan importante que la preocupación comienza a infiltrarse. Recuerda, algunos niños aprenden a leer tan pronto como el adulto deja de ejercer presión y ellos se sienten relajados. Otros descubren el placer de la lectura cuando el adulto decide cambiar el método educativo o el programa de enseñanza de lectura. Y algunos niños aprenden a leer cuando sus padres compran un programa especialmente diseñado para enseñar a leer a niños con dislexia, porque sospechan que su hija podría tener dislexia. Algunas escuelas utilizan el Programa de Lectura Orton-Gillingham para todos los niños como medida preventiva para evitar dificultades de aprendizaje. Esto es algo a tener en cuenta si te preocupa. Y no olvides visitar al oftalmólogo para una revisión.

Una vez que tu hija ya sabe leer, es crucial que tenga la libertad de elegir lo que va a leer. Esta libertad es la clave para mantener su interés en el texto. Si no está interesada, no querrá leer, y solo se llega a ser un buen lector mediante la práctica constante de la lectura. Los niños que no tienen la libertad de elegir no desarrollarán una pasión por la lectura. Cualquier cosa cuenta, ya sea leer la caja de cereales, un catálogo de juguetes, un cómic, una revista infantil divertida o una receta.

Los niños descubren de forma natural que aman la lectura cuando eligen su propio material. Si se les obliga a leer un libro que no les gusta o un texto aburrido en un cuaderno escolar, su pasión por la lectura disminuye. Permitir que los niños elijan qué leer fomenta el disfrute de la lectura independiente, mejora la comprensión, el vocabulario y la fluidez, y fortalece la confianza en la toma de decisiones. Cuando los niños y adolescentes pueden elegir su material de lectura, priorizan la lectura y asumen más responsabilidad en su educación.

"Pero no quiero que mis hijos lean basura y mala literatura", he escuchado decir a muchas madres.

Si deseas cultivar el amor por la lectura en tu hija, es crucial permitirle disfrutar al leer. En ocasiones, esto implica leer libros que, quizás para ti, puedan considerarse de baja calidad literaria, pero un libro de calidad es aquel que un niño desea leer.

Como bien dice Kylene Beers "Si enseñamos a un niño a leer pero no logramos desarrollar el deseo de leer, entonces hemos creado un analfabeto letrado, y ninguna puntuación alta en exámenes podrá deshacer ese daño."

Pero, ¿cómo lograr que los niños lean?

Ofrece libros que creas que les puedan gustar. Da ejemplo leyendo. Habla sobre libros. Coloca libros en lugares de fácil acceso, en su área de juego, cerca de su cama, en la sala, la cocina, tu coche, y lleva contigo libros en tu bolso. Visita la biblioteca y las librerías. Y recuerda que no siempre tienen que ser libros. Pueden ser revistas, catálogos, menús, poemas, recetas o cualquier cosa.

Cuando los niños tienen la libertad de elegir sus propios libros u otro material de lectura, desarrollan su identidad como lectores. Esto es parte de una educación que les enseña a pensar, no qué pensar. Sé que deseas sugerirle a tu hija qué leer, y puedes ofrecer y explicar por qué crees que el libro es tan bueno, pero no lo impongas.

Con mis hijos, solía llevarlos a una librería donde se podía tocar y hojear los libros a gusto, especialmente diseñada para que los niños exploraran libremente. Los libros estaban al alcance, y mis hijos podían tomar uno, sentarse y leer cómodamente. Observaba sus preferencias literarias y luego buscaba libros similares en la página web de la biblioteca. En otro día, íbamos a la biblioteca a recoger los libros que había reservado, teniendo en cuenta sus gustos, además de aquellos que ellos mismos elegían. Siempre puedes sugerir libros, revistas, artículos, cualquier cosa, siempre y cuando respetes su respuesta.

Cuando obligas a los niños a leer, encontrarán maneras de hacer trampas y pretender que lo han leído. Nadie sale ganando. Pero si dejas de controlar lo que deberían leer, los niños conectan con materiales de lectura significativos y experimentan un mayor logro en la lectura. Sus habilidades de lectura se refuerzan, y la fluidez, comprensión y vocabulario aumentan. A medida que mejoran las habilidades de lectura, se involucran de manera más activa en el aprendizaje.

Algunos libros simplemente no nos llegan. Los niños se sienten atraídos por aquellos libros que reflejan verdades familiares para ellos. Necesitan poder identificarse en las páginas y ver representaciones que vayan más allá de sus propias experiencias. Los estudiantes deberían tener la libertad de elegir si desean sumergirse en libros que actúen como 'ventanas' (ofreciendo una visión de diversas experiencias y perspectivas), 'espejos' (reflejando sus propias vivencias e identidades) o 'mapas' (brindando orientación e inspiración para sus propios caminos), además de simplemente disfrutar del entretenimiento puro. Sin esa libertad, es posible que no encuentren la motivación para leer. Sin esa libertad, es posible que no lean en absoluto. Yo no lo hice.

Una vez, sugerí a mis hijos un libro del que todo el mundo hablaba, "Wonder", pero no les interesó. Meses más tarde, aprovechando un viaje largo que teníamos que hacer en coche, decidí tomar prestado el audiolibro de la biblioteca. Les comenté que tenía curiosidad por el libro y quería ver si me gustaba, pero que no tenían que escucharlo si no querían. Al final, a todos nos gustó. ¡Nunca se sabe! Esto me recuerda decirte que permitas a tu hija no terminar un libro si no le está atrapando la atención. Si comienza a leer y el autor no la mantiene interesada, déjala dejar ese libro e intentar con otro.

No es necesario que tu hija haga resúmenes de libros ni dioramas artísticos para demostrarte que ha leído y entendido la historia de ese libro. Vas a ver a menudo que comparte con entusiasmo lo que lee y aprende. Querrá compartir sus descubrimientos con sus hermanos o amigos y contigo, y desarrollará un deseo de saber más sobre el tema que eligió. Notarás que disfruta conversando y analizando los materiales de lectura que ha elegido. No apagues ese entusiasmo asignándole que haga un resumen del libro.

Los estudiantes que exploran una variedad de temas y géneros establecen las bases para su aprendizaje. La elección de su material de lectura les brinda un mayor deseo de sumergirse en la lectura a lo largo de toda la vida. Además, asumen más responsabilidad en su aprendizaje cuando tienen opciones y se sienten motivados para explorar materiales que beneficiarán su conocimiento en el futuro. Pero no te preocupes si tu hija no es una ávida lectora. Leerá lo necesario para perseguir sus sueños y desenvolverse en la sociedad. No hay problema si a alguien no le gusta sumergirse en libros o artículos. No pasa nada si tu hija no devora libros. Hay otras formas de aprender y mantenerse informada, como documentales, podcasts, conferencias, asistir a clases y muchos otros recursos, que son maneras fantásticas de adquirir conocimientos.

Es fundamental permitir que los niños tomen la iniciativa en su proceso de aprendizaje, incluyendo la lectura. En lugar de obligar a tu hija a leer antes de que esté lista, debes crear un entorno que fomente el amor por la lectura. La lectura debería ser un proceso natural y placentero. Desarrollará interés en aprender a leer si está rodeada de material con texto y puede explorar a su propio ritmo. Debe tener la libertad para elegir su material de lectura y hacer preguntas. Los niños aprenden a leer cuando están motivados, a menudo a través de actividades autodirigidas. Es clave crear un entorno de apoyo que fomente la lectura y proporcione acceso a una variedad de materiales.

Recuerda, los niños aprenden a leer cuando desean aprender. Ayúdales si quieren ayuda.

No estás sola; hoy en día, existen muchos recursos e información disponibles para ayudar a las familias a respaldar a sus hijos en el proceso de aprendizaje de la lectura, como, por ejemplo, www.colorincolorado.org/es.

Otro recurso para aprender a leer es "Vivaletras. Aprender a leer paso a paso divirtiéndose": actividades y juegos de iniciación a la lectura comprensiva, de Caligrafía Moreno. Se trata de un método eficaz y comprobado para aprender a leer o reforzar su aprendizaje, que se disfruta como un libro de juegos y pasatiempos.

Algunos juegos educativos recomendados incluyen:

"Diset - Aprendo en positivo Las Letras"
"Diset - Lectron primeras lecturas"
"Diset - Yo aprendo a leer"
"Educa - Aprender es Divertido El abecedario"
"Headu Fantasilabas"

Y muchos más. Puedes encontrarlos en tiendas de juguetes o en línea. La variedad es tan amplia que tendrás numerosas opciones para elegir. Estos juegos permiten que los niños se familiaricen con los sonidos del lenguaje, identifiquen, reconozcan y nombren el abecedario, así como asocien palabras con imágenes y sonidos, y viceversa. Cuando llegue el momento de comprar regalos, sugiéreles a tu familia y amigos que opten por estos juegos.

Libros:

Colección "Aprender a leer", de D. Carlini
Volumen "Pictocuentos", de Emilio Sanjuán
"Abezzo", de Carlos Reviejo
"Mi primer MiniImaginario de la A a la Z", de Pilar López Ávila y M.ª Luisa Torcida
"Vocales con cuento", de Begoña Oro Pradera
"Día a día, letra a letra, de la A a la Z", de Begoña Oro y Almudena Aparicio
"Canta y Juega Con Las Vocales Divertidas", de Pilar López Ávila y Mª Luisa Torcida
Colección completa de "El tren de las palabras", de Beatriz Doumerc y Gabriel Barnes.
"Las divertidas aventuras de las letras", de Pilar López Ávila y Mª Luisa Torcida
"Pequebichos", de Jesús Sanjuán y Mª Luisa Torcida
"Cuentos de letras que suenan igual", de Carmen Gil
"Un cuento para cada letra. Aprende las 29 letras y sonidos del abecedario", de Carmen Gil
"Aprende a leer en la escuela de monstruos", de Sally Rippin

Páginas:
www.smartick.es

www.tekmaneducation.com
www.pipoclub.com
www.arbolabc.com
www.juegosarcoiris.com
www.mundoprimaria.com
www.vedoque.com
www.cokitos.com
www.happylearning.tv
www.todoinclusion.com
www.glifing.com

apps:

Leo con Grin
Preescolar Montessori
ABC Dinos
Letras en cajas
Mario Abecedario
Aprender a leer con sílabas
MyABCKit: aprender a leer
IQ Aprende a leer con juegos en google play
Aprender a leer y a escribir
Aprender a Leer
El Tren del Alfabeto de Lola

Dislexia

https://www.diverlexia.com

https://ardilladigital.com

www.micuento.com en colaboración con Change Dyslexia, ha elaborado una colección de cuentos personalizados adaptados para los lectores con dislexia.

https://blog.changedyslexia.org

Leer en inglés:

https://readingeggs.com

https://www.teachyourmonster.org

https://www.hookedonphonics.com

https://www.teachyourchildtoread.com

https://www.starfall.com

https://www.nightzookeeper.com

https://pridereadingprogram.com

https://homeschoolingwithdyslexia.com

https://www.readingdoctor.com.au

Y muchos, muchos, muchos más.

"No necesitamos que nos enseñen a aprender: nacemos sabiendo y deseando hacerlo. Es nuestra naturaleza, nuestros genes, nuestra herencia biológica. Lo más difícil para los padres es aprender a no intervenir. Enseñar menos, no más. La enseñanza dificulta el aprendizaje si se excede de la pequeña dosis.. La forma en que podemos ayudar al aprendizaje es respondiendo sus preguntas si y cuando las tengan, ayudándoles si y cuando pidan ayuda."

John Holt

No trates la escritura como una tarea

Muchas veces me han preguntado cómo enseñar a los niños a escribir. Aunque conozco un método que funciona de maravilla, quería confirmarlo. Así que fui directamente a la fuente: mi hijo pequeño, quien nunca recibió instrucción formal en escritura. Le pregunté: 'Konji, ¿recuerdas cómo aprendiste a escribir? La gente se pregunta cómo escribes tan bien sin haber tenido una instrucción formal'.

'Simplemente comencé a escribir', respondió. Tan simple como eso. El poder del aprendizaje natural. Los niños tienen una capacidad innata para desarrollar habilidades sin instrucción formal.

Tu hijo aprenderá a escribir siempre que esté expuesto a la escritura. Al igual que con todas las demás habilidades y conocimientos, los niños lo aprenderán si les brindamos oportunidades, herramientas y exposición. A mis hijos no les enseñé a escribir. En cambio, estuvieron expuestos a todo tipo de literatura, y los tres eran ávidos lectores. Para ellos, leer un libro era tan divertido como jugar. Absorbieron e integraron todo ese lenguaje escrito y, de alguna manera, comenzaron a escribir.

También apliqué este método cuando era maestra de kindergarten. Les daba a mis estudiantes total libertad para escribir o no en sus libretas lo que quisieran. Siempre elogiaba sus esfuerzos, sin importar lo simple o mal escritas que fueran sus palabras. Encontraba sus intentos tan valiosos que expresaba mi felicidad y orgullo. Con el tiempo, empecé a notar avances. Mis alumnos se sentían orgullosos de sí mismos, sus padres estaban contentos con su desarrollo, y a mí me fascinaba el hecho de que no les estaba enseñando, sino simplemente presentándoles la escritura. La combinación de mostrar sin imponer y la libertad para experimentar con la escritura fue lo que hizo todo posible. Es verdaderamente hermoso y mágico de observar.

La educación autodirigida ha dado lugar a tres perfiles de escritores en mi familia:

Mi hija, de 17 años, solo escribe cuando es necesario, pero lo hace con habilidad. Escribió una redacción como parte del proceso de admisión a la universidad sin haber recibido nunca una clase formal de escritura.

Mi hijo menor, de 15 años, escribe tanto por necesidad como por placer. Le gusta plasmar sus pensamientos y conocimientos en su libreta de vez en cuando, y lo hace con habilidad. Aunque nunca ha recibido una lección formal de escritura, es capaz de redactar numerosas redacciones para sus tareas en la escuela secundaria.

Y mi hijo mayor, de 20 años, ha elegido la escritura como su carrera, culminando en la creación de una novela que pronto verá la luz, dejando una impresión profunda en el editor de la casa editorial. Su única instrucción formal de escritura tuvo lugar durante sus años en la escuela pública, abarcando hasta cuarto de primaria.

¿Cómo es posible que un joven sin educación formal se convierta en un escritor talentoso? Investigando, descubrí que para ser escritor se requiere libertad, ya que la instrucción sofoca la creatividad. La verdadera importancia de escribir reside en la capacidad de transmitir el mensaje y la historia. Y mi favorita entre todas: los escritores desarrollan su habilidad leyendo numerosos libros e "imitando" a sus autores favoritos.

No haber recibido clases de enseñanza convencional de la expresión escrita ha beneficiado las habilidades de escritura de mi hijo. Y me deja alucinada que ninguno de mis tres hijos cometa errores ortográficos, a diferencia de lo que me sucede a mí.

Querida lectora, no trates la escritura como una tarea. Más bien, expón a tu hijo a todos los estilos de escritura posibles, no solo en libros, sino también en revistas, catálogos, menús, manuales de instrucciones, cartas y cualquier cosa que pueda explorar. Ten todo este material en diferentes áreas de la casa, de fácil acceso, especialmente donde suele jugar.

Yo siempre tenía lápices, rotuladores, papel y pizarras borrables disponibles para ellos. Mientras disfrutaban de juegos simbólicos, como cocinita, restaurante o tienda, escribían de forma natural. Coloca un menú de restaurante o un libro de recetas en su cocina de juguete, un catálogo de autos donde juega con autos, un libro sobre edificios donde construye con bloques. Además, pon un calendario y un mapa en su área de juego. Créeme, estas simples herramientas se convierten en poderosos instrumentos de aprendizaje.

Expón a tu hijo a diferentes estilos, técnicas y autores. Cada escritor posee métodos únicos de expresión. Los niños absorben conocimientos a través de la imitación, y a los futuros escritores les encanta practicar imitando a los grandes maestros de la literatura. Distribuye libretas por toda la casa: en la sala de estar, en su habitación y en el coche. Algunos niños disfrutan llevando consigo una pequeña libreta a todas partes. Con el tiempo, desarrollará la habilidad de narrar historias y expresar emociones, perfeccionando así sus habilidades en redacción.

Y los niños que no demuestran interés en la escritura también llegarán a escribir. Copiarán los formatos de comunicación necesarios, como redactar mensajes a sus amigos. Con el tiempo, redactarán correos electrónicos, currículos, cartas de presentación y todo lo que sea necesario. Si tu hijo no está interesado en escribir, utiliza un teclado de ordenador, las fichas de Scrabble o letras magnéticas en lugar de papel y lápiz. Aprenderá a escribir si cuenta con materiales alternativos e interesantes.

Lee en voz alta o utiliza audiolibros y analizad. Involucra a tu hijo en charlas significativas. No le hables como si estuvieras dando una clase, sino de manera orgánica. Deja que ocurra de forma natural. Escribir es como tener una conversación en papel. A través de estas charlas, aprenderá a pensar y a formular preguntas. Selecciona libros de diferentes géneros que a tu hijo le guste leer y deja que escuche o lea a su propio ritmo, aprendiendo así los patrones de oración y la sintaxis.

Resulta sorprendente para la mayoría de las familias y educadores descubrir que lo que convierte a los niños en pensadores críticos y escritores dedicados es no imponer el aprendizaje de habilidades de escritura a aquellos pequeños que no están preparados o interesados. Las habilidades de escritura requieren libertad, libertad para ser creativo, para escribir lo que realmente complace y motiva al niño.

He notado que muchas familias experimentan frustración al ver que sus hijos pierden entusiasmo y muestran poca dedicación. A menudo, no se dan cuenta de que no tener en cuenta los intereses individuales de sus hijos es lo que está afectándolos. La imposición de clases, la obligación de lecciones y la repetición de prácticas rutinarias disminuyen el deseo de escribir de manera auténtica y significativa.

No trates la escritura como una tarea.

La escritura atraviesa diversas etapas antes de plasmarse en el papel o la pantalla. Jugar con letras, disponer de material para escribir, y compartir o inventar historias son elementos que contribuyen a que los niños se sientan cómodos con la escritura. Aprender a escribir es como aquella época en que leías a tu hijo antes de que pudiera hacerlo por sí mismo. Así como con otros logros, no hay necesidad de apresurarse; no importa cuánto tú y tu hijo anhelen que suceda. Es crucial ser consciente de estas actividades previas a la escritura y otorgarles el espacio que merecen para desarrollarse sin presionar hacia la escritura. Disfruta del tiempo juntos y ten la certeza de que se está cultivando lo necesario.

Juega con letras de espuma mientras está en la bañera o la piscina, escribe letras en la arena de la playa o el parque, traza letras en la ventana del coche cuando se empañe, marca letras en la masa de galletas o pizza, escribe letras en la nieve y diviértete con esas letras magnéticas que se adhieren a tu nevera o a una bandeja metálica. No conviertas esto en una lección; no comiences a escribir letras con la intención de enseñar. En cambio, hazlo como un juego, una obra de arte o un mensaje. Por ejemplo, puedes escribir la primera letra de tu nombre y decir: "Me gusta la M en mi nombre. ¿Te gusta la J en el tuyo?", mientras dibujas una J. O puedes escribir la palabra 'sí' y comentar: 'Es fácil para mí escribir 'sí' porque solo tiene dos letras; otras palabras son muy largas'. Pequeños momentos como estos enseñan más que una lección planificada.

Modela la escritura; permítele a tu hijo verte mientras haces la lista para ir a comprar, escribes una nota para tu pareja, completas formularios en la consulta del médico o redactas un correo electrónico. Cuando tu hijo te pida que escribas una palabra, hazlo justo frente a él. Ten material de escritura por toda la casa. Créeme, funciona, incluso en el coche y en tu bolso.

La emoción de contar una historia es mucho más importante que la formación de letras perfectas y la ortografía impecable. Aunque cuesta de entender y hay quienes no quieren creerlo, permíteme explicar por qué esto es relevante. Lo esencial es el contenido. Si tu hijo no se siente motivado para aprender las letras, es probable que aún no esté preparado. Déjale disfrutar de años de juego libre. Estas actividades no estructuradas son clave para desarrollar historias.

Si tu hijo escribe letras al azar por toda la página y luego "lee" su historia, por favor, siéntete orgullosa y anímalo, porque tu hijo está escribiendo entusiasmado y voluntariamente una historia. Es un logro significativo y marca el comienzo de su camino hacia la escritura. Estas letras al azar se transformarán con el tiempo en palabras mal escritas y, con el transcurso de más tiempo, evolucionarán en palabras reales y precisas.

Algunos niños tienen una imaginación tan asombrosa y crean historias tan maravillosas que te pedirán que las escribas. Hazlo. Anota todo lo que tu hijo te cuente. Si tiene que escribirlo por sí mismo, frenará su creatividad. Otros niños no muestran ningún interés en la escritura, no te preocupes. La vida misma, con el tiempo, les brindará oportunidades para escribir, ya sea al completar formularios médicos, participar en una competición que requiera escribir sus datos personales, o al querer expresar algo importante en Minecraft o Roblox, e incluso al redactar una tarjeta de cumpleaños para un amigo.

No te preocupes si tus amigos te cuentan que sus hijos pasan todo el día enganchados a una libreta escribiendo creativamente y el tuyo no muestra interés en absoluto. Tu hijo simplemente no está interesado en sentarse a escribir en una libreta. Cada niño destaca en áreas diferentes y está aprendiendo habilidades únicas. No pasa nada si tu hijo no es un apasionado escritor. Aprenderá a escribir cuando le llegue su momento, que quizás sea más adelante, en la adolescencia. Cuando llegue la hora de aprender a redactar una carta de presentación para un trabajo, lo hará. Si su interés lo lleva a la universidad, aprenderá a redactar ensayos.

Evita las fichas de ejercicios de práctica de escritura y los cuadernos escolares (a menos que a tu hijo realmente le gusten). Relájate. La escritura se desarrollará por sí sola. Dale tiempo para crecer y nunca dejes de ofrecerle oportunidades.

No trates la escritura como una tarea.

Una educación asombrosa nutre y estimula la expresión escrita (la voz escritora) de los niños sin causar daño. Permite que tu hijo se exprese, conecte con su voz al escribir y determine qué quiere decir y cómo desea expresarlo. Para facilitar el entorno adecuado para escribir libremente, es imperativo que establezca su propia voz y proceso de escritura. Esta es la manera en que los escritores profesionales enseñan a escribir.

Imponer los formatos de escritura y la organización de una redacción obstaculiza el acceso a las palabras internas y, lamentablemente, genera resentimiento hacia la escritura. A menudo, los adultos piensan que los niños no escribirán a menos que los obliguemos y les enseñemos cómo hacerlo. A los estudiantes no les resulta fácil escribir cuando les dicen cómo debería ser la forma de escribir. Dar instrucciones estrictas sobre el formato y la estructura no ayuda al aprendiz a expresar lo que realmente quiere decir.

No impongas a tu hijo la tarea de practicar escribir diariamente. Permítele descubrir por qué necesita escribir. Puede que tu hijo tenga que redactar un correo electrónico a alguien, expresar su opinión en una reseña sobre un producto que le haya causado satisfacción o decepción, o incluso escribir una canción, unas instrucciones o un cuento corto. Sea cual sea la situación, el niño debe sentir una necesidad o tener una razón para escribir, y cuando llegue ese momento, proporciona ayuda y recursos.

A medida que los niños crecen y avanzan a la secundaria o bachillerato, y su voz escritora se ha ido cultivando, comenzarán a encontrarse con que las asignaturas o cursos a los que se apuntan voluntariamente implican tareas que requieren escribir. Aquí es cuando estarán preparados para aprender los distintos formatos de escritura. Iniciarán el peculiar proceso de extraer el lenguaje desde su interior, buscar la mejor forma, pulirlo, revisarlo y editar su trabajo con confianza para, finalmente, compartirlo con los demás.

Cuando escribí mi primer libro, expresé lo que tenía que decir de la mejor manera posible. ¡Estaba tan mal escrito que ni te lo imaginarías! Luego, como si fuera un puzle, moví frases de arriba a abajo, cambié palabras de izquierda a derecha y jugué con los párrafos.

Lo moldeé de una manera que me recordaba a las tantas memorias que había leído. Más adelante aprendí que así es exactamente cómo suele comenzar la instrucción de escritura para aquellos que aspiran a dedicarse profesionalmente: decir lo que necesitas decir y editarlo después.

Los niños que saben que pueden escribir están preparados para enfrentar cualquier tarea de escritura a medida que crecen, porque se sienten seguros en su capacidad para generar lenguaje e ideas. Si tu hijo no tiene nada que decir, no escribirá. El contenido debe ser significativo e importante para él.

¿De dónde saqué yo las agallas para no enseñar a mis hijos a escribir?

Hubo dos razones que me dieron confianza y fuerza. Primero, a mí me enseñaron en la escuela y solo recientemente aprendí a escribir. La primera vez que tuve que redactar una carta de presentación para un trabajo, tuve que buscar plantillas en línea y las copié. Y segundo, amigos míos que son profesores universitarios me han mencionado que la mayoría de los estudiantes que llegan a su clase (estudiantes graduados de la escuela secundaria) no saben escribir. (En el libro 'Why They Can't Write', John Warner, profesor universitario de escritura, argumenta que estamos enseñando a escribir de manera incorrecta en las escuelas.)

Después de lograr la asombrosa tarea de no enseñar a mis tres hijos a escribir, y ahora que saben hacerlo, puedo afirmar que funciona. Al abandonar la instrucción convencional y el currículo educativo estándar, se potencia el pensamiento crítico.

La instrucción, si no es deseada, perjudica la escritura de los niños.

Cuando permites que tu hijo aprenda a escribir sin seguir los métodos académicos convencionales, la escritura se convierte en parte de su vida cotidiana. Dime, ¿cuándo necesitamos realmente redactar un ensayo? A menudo, solo hay un propósito detrás de esta tarea: los estudiantes escriben para obtener una calificación, aprobar una asignatura y ser admitidos en la universidad.

Dejar atrás esa mentalidad construye una nueva forma de pensar. Abre puertas para la escritura que no habías considerado antes. Es una habilidad que, sin duda, tu hijo utilizará en la vida. Necesita la oportunidad de probar y practicar sin ser evaluado. La comunicación efectiva y el intercambio de ideas deberían ser la máxima prioridad. En lugar de seguir enfoques académicos tradicionales al enseñar a escribir, permite que esta habilidad se integre de manera natural en su día a día. La escritura va mucho más allá de ser una simple tarea escolar.

Escribir debería ser una parte natural de tu día. La inmersión es la mejor forma de aprender. Si colocas papel, libretas, lápices y rotuladores en los lugares donde tu hijo juega y en sitios estratégicos, empezarás a ver garabatos y líneas formando parte de su juego. Cuéntale historias y anota todas las cosas bonitas que dice. Crea un rincón acogedor para escribir en algún lugar de la casa donde a todos os gusta pasar tiempo. Cuanto más accesible y normal sea escribir, mejor. No será un shock para el sistema si lo ha estado haciendo desde siempre.

Lee y conversa. Escribir es una conversación. ¿Qué mejor manera de respaldar el desarrollo de esa habilidad que a través de la propia charla? Leer diferentes géneros no solo expone al escritor a elementos de estilo, sino que también contribuye al desarrollo de habilidades de pensamiento necesarias. Durante la discusión, tu hijo escritor aprende a formular preguntas y a reflexionar críticamente sobre ellas, descubriendo lo que cree y por qué. Además, puede realizar comparaciones entre estilos, autores y técnicas.

Al introducir a tu hijo a una variedad de literatura de distintos autores y géneros, le proporcionas la oportunidad de analizar diversos estilos de escritura, utilizando estos como trampolín para sus propias creaciones. Comprenderá mejor el arte del lenguaje y la gramática a través de la imitación, encontrando así su propio ritmo. Esta tarea es sencilla para los niños, ya que a menudo imitan mientras juegan. Al escuchar el tono de otras obras literarias, construirá gradualmente una voz y estilo únicos, para luego imitar y adaptar esos estilos a su propia expresión. Este proceso es mucho más natural que realizar ejercicios escritos en un cuaderno escolar y le permite desarrollar su creatividad de manera orgánica.

Recuerda, deja que tu hijo lea todo lo que esté a su alcance. Con el tiempo, empezará a escribir. Ayúdale en este proceso, pero no lo trates como una tarea.

Si tu hijo muestra interés en mejorar su expresión escrita y no te sientes lo suficientemente capaz de darle instrucción, puedes explorar opciones como clases en tu biblioteca local, centro cívico, cursos universitarios en línea o sitios web como outschool.com, coursera.org, entre otros programas disponibles.

www.walinwa.com
www.rubio.net
www.tekmaneducation.com
www.dicdicapp.com/es
www.oup.es
www.edu-es.pixton.com

inglés
www.bravewriter.com
www.writeshop.com
www.essentialsinwriting.com
www.essentialsinwriting.com

¿Qué hacer si tu hijo no es buen escritor?

La sociedad, en general, tiende a confundir la habilidad de escribir con tener inteligencia o la falta de ella, obsesionándose con asegurarse de que los niños aprendan a escribir bien hasta el punto de perjudicar el proceso de aprendizaje. Es importante entender que ser un buen o mal escritor no determina el nivel de inteligencia. Permíteme explicar.

Mi padre fue un cirujano pediátrico increíble, muy reconocido en su campo. Llegó a ser el jefe de cirugía en el hospital donde trabajaba e incluso se presentó como candidato a alcalde de nuestra ciudad. Aunque no ganó las elecciones, le ofrecieron la responsabilidad de dirigir el departamento de salud de la ciudad. ¿Y sabes qué? Es pésimo escribiendo, pero ha redactado varios artículos para periódicos y ha salvado vidas de niños.

Luego está mi caso. Fui a la escuela, donde me enseñaron a escribir. Mis padres tuvieron que contratar a un tutor particular porque cometía muchos errores ortográficos. Continué mis estudios en el instituto (bachillerato), luego fui a la universidad y me gradué con una licenciatura. Años más tarde, escribí un libro y ahora estoy redactando este. ¿Y sabes qué? Sigo cometiendo muchos errores ortográficos. No hay manera, no recuerdo cómo escribir palabras que he leído y escrito en numerosas ocasiones. Además, tengo una gran dificultad para expresar mis ideas por escrito.

Los errores ortográficos y gramaticales no están vinculados con la inteligencia ni con el nivel académico, sino más bien con el tipo de procesamiento mental de cada persona. Enseñar habilidades de ortografía y escritura no asegura que te conviertas en un mejor escritor. Incluso personas inteligentes pueden tener dificultades para escribir correctamente. Algunos niños nacen con mejores habilidades ortográficas que otros y, desafortunadamente, algunos, como yo, a pesar de recibir muchas lecciones de ortografía, no logramos recordar la escritura correcta. ¡Qué suerte tenemos de contar con corrector ortográfico! Y qué maravilla que dispongamos de editores que hacen que suenes fenomenal.

Agatha Christie, la novelista más vendida de todos los tiempos, tenía disgrafía y dictaba su trabajo. Ayuda a tu hijo a encontrar herramientas que le ayuden a escribir mejor. No ser bueno escribiendo no debería detenerlo. Proporciónale herramientas para manejar esta "limitación", como corrector-castellano.com o ChatGPT, y recuérdale que los editores existen por algo: editar nuestro texto.

El trabajo de un editor consiste en revisar y mejorar el material escrito antes de su publicación. La responsabilidad principal de un editor es mejorar la claridad, precisión y coherencia del texto en el que está trabajando. Lo hace corrigiendo errores de ortografía, gramática y puntuación, y asegurándose de que la escritura fluya de manera suave y lógica. No ser un buen escritor no es un problema.

Si escribir es muy difícil para tu hijo y consideras que podría tener alguna dificultad que afecte su expresión escrita, te recomiendo consultar estos sitios web:

www.diverlexia.com
www.childmind.org/es
www.educapeques.com

inglés
www.dysgraphia.life
www.ldaamerica.org
www.childmind.org
www.ghotit.com

correctores:
correctoronline.es
reverso.net
languagetool.org/es

Libro:
"Sistema de Inteligencia Ortográfica" de J. Ramón García Guinarte

Un novedoso método creado por un experto en neurociencia que promete eliminar de manera definitiva los errores ortográficos mediante el entrenamiento del cerebro. El profesor Ramón García Guinarte concluye que los errores ortográficos surgen sin importar la edad, nivel académico o incluso los hábitos de lectura, sino que están relacionados con el tipo de procesamiento mental de cada persona. Revela que los cerebros en los que predominan los procesos de representación auditiva o cinestésica cometen más faltas de ortografía que aquellos que se basan en estímulos visuales.

El experimento de García Guinarte consiste en entrenar al cerebro mediante dibujos asociados a reglas de aprendizaje.

Este método, conocido como SIO (Sistema de Inteligencia Ortográfica), se fundamenta en el programa mental necesario para adaptar el funcionamiento cerebral y se presenta a través de un libro con dibujos en formato cómic. Este libro presenta los errores ortográficos como variados personajes, permitiendo que nuestro cerebro procese en forma de imágenes las palabras más difíciles y los errores ortográficos más comunes, los cuales quedan grabados en la mente.

"Es un error muy serio pensar que el aprendizaje es una actividad separada del resto de la vida, que las personas lo hacen mejor cuando no están haciendo nada más y lo hacen mejor en lugares donde no se hace nada más."

John Holt

Matemáticas

A muchos padres les preocupa la educación matemática de sus hijos y se preguntan cómo aprenderán matemáticas si no se les enseña explícitamente. Es fundamental recordar que tu hija aprenderá lo que tú utilices en tu vida diaria. ¿Realizas sumas y restas a diario? ¿Aplicas el teorema de Pitágoras regularmente? Cualquier habilidad matemática que resulte útil, seguro que la aprenderá.

Las matemáticas académicas de nivel más avanzado, que no suelen usarse en la vida cotidiana, tu hija las aprenderá si sus intereses la llevan por ese camino o si necesita estudiar para aprobar un examen de graduación o para ingresar a la universidad. En ese momento, su motivación intrínseca la ayudará a aprender lo necesario. Solo necesitará un año o dos para asimilar estos conceptos avanzados.

La disparidad es notable cuando observas a una adolescente que estudia matemáticas de forma autodirigida, motivada por el deseo de ingresar a la universidad, en comparación con una estudiante educada en la escuela convencional que estudia matemáticas solo porque es obligatorio.

Los niños aprenden matemáticas de manera natural, al igual que la lectura y la escritura, porque reconocen la importancia de estas habilidades para sobrevivir y tener éxito en nuestra cultura.

Así es como lo hacemos:

Utilizamos números diariamente con fines prácticos, como medir cosas. Dale a tu hija la oportunidad de emplear los números de la misma manera que tú. Procura que tenga a su alcance todos los instrumentos de medición, como cintas métricas, reglas, balanzas, termómetros, barómetros, metrónomos, cronómetros, relojes, despertadores, tazas métricas y básculas. Coloca una calculadora, algunas reglas, un reloj, una balanza y cualquier objeto para medir en su área de juego.

Usamos los números para contar dinero, algo que suele fascinar a los niños. Disfrutan jugando con él, ya sea cuando simulan ir de compras, gestionan un restaurante o heladería, o juegan a juegos de mesa como el Monopolio. El dinero real les emociona especialmente cuando descubren que pueden usarlo para adquirir un juguete, un dulce o una entrada al cine. Resulta ser una excelente herramienta para que los niños aprendan matemáticas. Aprovecha las finanzas familiares como oportunidades de aprendizaje, como hablar sobre gastos, elaborar presupuestos para la comida, calcular impuestos, comprender los costos de una hipoteca y aprender sobre inversiones. Estas experiencias prácticas ayudan a los niños a desarrollar habilidades matemáticas fundamentales al mismo tiempo que adquieren conocimientos sobre responsabilidad financiera. Coloca dinero de juego o real, e incluso monedas extranjeras, en su área de juego (evita dar monedas a niños menores de 3 años, ya que podrían ponerlas en la boca y atragantarse).

Aprender matemáticas es parte de la vida, al igual que cualquier otra cosa. No debería convertirse en una lección, sino en algo accesible para tu hija. La mejor manera para que los niños se familiaricen con los números es a través de experiencias cotidianas. Los números están presentes en nuestra realidad: en edificios, carreteras, coches, velocidad, negocios, juguetes, juegos, libros, música, cocina y más. Los números forman parte de la vida cotidiana de tu hija; los aprenderá y los utilizará de forma natural. Coloca un calendario, dados, cartas y juegos de mesa donde juega. ¡Verás cómo surgen situaciones matemáticas!

En lugar del enfoque convencional de las matemáticas "Aprende matemáticas, las vas a necesitar", deja que tu hija descubra por sí misma por qué necesita las matemáticas; así querrá aprenderlas. Marca una gran diferencia cuando tienen la voluntad de aprender. Los niños aprenden de manera natural a sumar y restar cuando están listos, y a contar y medir cuando lo necesitan. No la fuerces. Cuando se enfrente a cálculos difíciles, pedirá ayuda o buscará una forma de aprenderlos.

Las matemáticas son una parte esencial de nuestra vida cotidiana y tienen innumerables aplicaciones prácticas. Utilizamos las matemáticas de muchas maneras, desde hacer cálculos en el supermercado hasta planificar un viaje, diseñar un edificio o dirigir un negocio.

Uno de los usos más habituales de las matemáticas es en las operaciones aritméticas básicas, como la suma, la resta, la multiplicación y la división. Utilizamos estas operaciones regularmente en tareas cotidianas, como elaborar presupuestos, calcular propinas o medir cantidades para cocinar y hornear. Dado que realizas estos cálculos con frecuencia, despertarás en tu hija el interés y las ganas de aprender.

Las matemáticas son también fundamentales en la ciencia e ingeniería, donde se requieren medidas y cálculos precisos para experimentos y para el diseño de equipos. Las matemáticas determinan medidas, ángulos y áreas en arquitectura y construcción, garantizando la seguridad y solidez estructural de edificios y estructuras. Además, las matemáticas son una herramienta esencial para la programación informática, el análisis de datos y la modelización estadística. En el ámbito médico, se emplean las matemáticas para desarrollar tecnologías de imágenes médicas, analizar datos y crear algoritmos para planes de tratamiento. Tu hija aprenderá este tipo de matemáticas si sus intereses la llevan en esa dirección. No es necesario ser un experto en matemáticas para acompañar el aprendizaje de tu hija en esta materia. Existen numerosos profesores de matemáticas, clases, vídeos en línea y programas en línea que enseñarán matemáticas a tu hija sin necesidad de tu ayuda.

Las matemáticas también desempeñan un papel crucial en finanzas y economía. Realizan proyecciones, calculan tasas de interés y analizan tendencias del mercado. Los propietarios de negocios y los directivos utilizan las matemáticas para establecer presupuestos, prever ingresos y evaluar la rentabilidad. Estos cálculos también se aprenden cuando el interés de tu hija la lleva en esa dirección. Hay programas en línea, clases y libros que enseñarán a tu hija educación financiera. Mi hijo más pequeño aprendió todo esto porque su interés lo llevó por ese camino.

Las matemáticas son una parte esencial de nuestro día a día, con utilidad diversa y numerosa. Ya sea por motivos personales o profesionales, comprender y aplicar conceptos matemáticos resulta fundamental. Tu hija querrá aprenderlos para tener éxito en el mundo actual.

Si a tu hija no le interesan las matemáticas, es probable que no se incline hacia el estudio más académico de esta materia. Sin embargo, adquirirá las habilidades matemáticas necesarias para la vida diaria. ¿Es eso lo que te preocupa? Como apasionada de las matemáticas que disfruta resolviendo ecuaciones por diversión, nunca he necesitado aplicar conocimientos de matemáticas de nivel secundario en mi carrera o vida adulta. A pesar de disfrutar encontrando el valor de x, y, y z, y calculando el volumen de un prisma, la raíz cuadrada de 125 o el ángulo de un triángulo, nunca he tenido que utilizar estos conceptos en mi vida adulta, al igual que mi esposo y muchos adultos a los que he preguntado.

No me preocupó en absoluto no enseñar matemáticas a mis hijos. He escuchado a mucha gente expresar cuánto las odia, pero a mí me gustan demasiado como para que mis hijos también las odien. En muchas escuelas, los niños aprenden matemáticas sin entender completamente los conceptos que se les enseñan, ya que los profesores se centran demasiado en la memorización y el aprendizaje mecánico en lugar de ayudar a los estudiantes a desarrollar una comprensión más profunda de los principios matemáticos. Cuando a los niños simplemente se les enseña a seguir procedimientos sin comprender los conceptos subyacentes, les cuesta aplicar sus conocimientos en situaciones del mundo real y, como resultado, pueden perder el interés en las matemáticas por completo o incluso llegar a temerlas y odiarlas. Esto le sucedió a mi hijo mayor.

Para ayudar a tu hija a desarrollar un amor duradero por las matemáticas y la capacidad de usarlas de manera efectiva en su vida diaria, es crucial evitar imponerle conceptos. En su lugar, ayúdala a comprender las matemáticas observándote a ti mientras las utilizas y practicando habilidades para resolver problemas en situaciones de la vida real.

No recuerdo el momento exacto ni la actividad durante la cual mis hijos aprendieron a contar, sumar, restar, multiplicar y dividir. Fue algo que ocurrió de forma natural. No obstante, sí sé cómo aprendieron otros conceptos matemáticos porque me lo han contado a lo largo de los años. Por ejemplo, se familiarizaron con los números negativos observando la temperatura del clima. Mi hijo mayor aprendió sobre ángulos a través de la fotografía y más tarde con videojuegos, mi hija durante clases de acrobacias aéreas, y mi pequeño mientras jugaba a videojuegos. Aprendieron sobre fracciones comiendo pizza y también leyendo artículos en revistas infantiles donde había gráficos, diagramas circulares y porcentajes. Y aprendieron sobre impuestos mientras jugaban al Monopolio y más tarde, con su primer trabajo.

Aprender de forma natural y autodirigida puede resultar difícil de entender si aún no lo has experimentado. Cuando las matemáticas son parte normal de la vida, tu hija podrá descubrirlas y utilizarlas de manera natural. Se convierten en parte de su inteligencia innata. Aprenderá la notación cuando surja la necesidad en el futuro.

Para muchos, es difícil ver más allá de la mentalidad escolar porque la mayoría de nosotros hemos pasado por la escuela. Sin embargo, comprenderás con mayor profundidad la pedagogía libre cuando te concentres en qué y cómo está aprendiendo tu hija, en lugar de limitarte a lo que dicta un cuaderno de matemáticas. Si esperas que el aprendizaje convencional de matemáticas, el típico de siempre de escuela, encaje en tu día a día, te vas a llevar una buena decepción. Cuando empieces a reconocer que cada aspecto de la vida cotidiana ofrece oportunidades de aprendizaje, no solo las situaciones relacionadas con la educación escolar, comenzarás a apreciar la eficacia de la pedagogía libre. Ver los resultados de primera mano te llevará a creer en este enfoque.

Te presento algunos ejemplos de cómo las matemáticas están presentes en la vida diaria:

- Controlar las finanzas personales, incluyendo el ahorro, las inversiones, hacer presupuestos, manejar el dinero y ajustar la cuenta del banco.
- Entender los préstamos de banco para coches, hipotecas, educación u otros propósitos.
- Jardinería y paisajismo.
- Proyectos de construcción.
- Ejercicio y entrenamiento.
- Diseño de interiores.
- Diseño de moda y costura.
- Compras en supermercados.
- Determinar porcentajes de descuento en ventas y promociones.
- Cocinar y hornear.
- Deportes, medir el rendimiento en deportes y actividades físicas.
- Gestión del tiempo, establecer horarios y plazos para completar tareas.
- Conducir.
- La industria automotriz.
- Aplicaciones informáticas.
- Planificación de viajes, rutas, mapas y GPS.
- Hospitales.
- Videojuegos.
- Pronóstico del tiempo.

• Realizar conversiones de unidades, como millas a kilómetros o grados Fahrenheit a Celsius.
• Fundamentos de otras materias.
• Música y danza.
• Industria manufacturera.
• Planificación urbana.
• Habilidades para resolver problemas.
• Marketing.
• Analizar datos demográficos y encuestas.

Los niños aprenden matemáticas cuando quieren aprenderlas. Ayuda a tu hija si desea ayuda.

Recursos para aprender matemáticas académicas:

www.es.khanacademy.org
www.resueltoos.com
www.sangakoo.com
www.ekuatio.com
www.tekmaneducation.com
www.sectormatematica.cl
www.mathink.com.mx
www.aprendermatematicas.org
https://www.todoinclusion.com
www.matematicasonline.es

www.matematicastro.es
www.educatina.com
www.matihomeschool.com
www.tusclases.mx
www.classgap.com/es
www.edx.org/es
www.superprof.es
www.tusclasesparticulares.com
www.udemy.com

En inglés:
https://mathantics.com
https://www.khanacademy.org
https://www.unlockmath.com
https://www.ixl.com
https://brilliant.org
https://mathusee.com
https://www.thinkwell.com
Y muchos, muchos, muchos más, incluyendo
https://www.coursera.org

"La educación ahora parece la invención social más autoritaria y peligrosa de toda la humanidad. Es el cimiento más profundo del moderno estado esclavo, donde la mayoría de las personas se sienten no como seres humanos, sino simplemente como productores, consumidores, espectadores y 'fanáticos', impulsados en todas las áreas de sus vidas por la codicia, la envidia y el miedo. Mi preocupación no es mejorar la 'educación', sino eliminarla, poner fin al negocio feo y deshumanizante de dar forma a las personas y permitir y ayudar a las personas a moldearse a sí mismas."

John Holt

Autonomía

Existe una amplia variedad de artículos, cursos de crianza, talleres para docentes y libros que abordan la cuestión de cómo motivar a los niños y adolescentes. ¿Por qué esta abundancia? ¿Por qué tantos jóvenes carecen de motivación para aprender?

La respuesta es sencilla: a muchos niños se les dice qué hacer, qué aprender, cuándo y cómo aprender durante años y años. Tienen muy poca autonomía en sus vidas. Esto, querida amiga lectora, mata la motivación. Es por eso que muchos adolescentes hoy no están motivados para aprender.

Cuando supervisas y controlas minuciosamente el trabajo y aprendizaje de los niños, aunque pueda parecer una forma efectiva de garantizar productividad y calidad, un control excesivo perjudica a los niños y a cualquier persona.

Uno de los principales efectos negativos de querer controlarlo todo es la pérdida de motivación. Cuando un niño siente que están observando y evaluando cada uno de sus movimientos, se desconecta y participa menos en su trabajo. Además, percibe que sus ideas no son valoradas, lo que resulta en una disminución de la satisfacción en el aprendizaje y el trabajo, y, en general, la falta de motivación para hacer el trabajo bien hecho.

Otro efecto negativo de controlar demasiado es la disminución de la autoestima. Cuando un niño recibe constantemente instrucciones sobre qué hacer y cómo hacerlo, comienza a dudar de sus propias habilidades y siente que no es capaz de tomar decisiones por sí mismo. Esto conduce a una falta de seguridad en su juego, aprendizaje o trabajo, afectando negativamente su autoestima.

Por último, el control excesivo también puede llevar a una falta de juicio en la toma de decisiones. Cuando a un niño no se le permite decidir de manera independiente y se le dicta constantemente qué hacer, le resulta difícil desarrollar las habilidades de pensamiento crítico necesarias para tomar decisiones acertadas. Esto se traduce en deficiencias a la hora de decidir, lo que a su vez afecta negativamente su capacidad para triunfar en el futuro.

No conceder a los niños la autonomía que necesitan tiene importantes consecuencias negativas. Es fundamental encontrar un equilibrio entre guiar y apoyar a tu hijo, permitiéndole al mismo tiempo ser independiente y tener autonomía en su aprendizaje y vida cotidiana.

Dale autonomía.

La infancia es un proceso para que cada niño se descubra a sí mismo y lo que le importa. Este proceso favorece tanto el aprendizaje como su bienestar emocional. Los niños son naturalmente curiosos y quieren saberlo todo sobre el mundo que les rodea. Darles la oportunidad de ser curiosos y explorar su entorno es clave para su desarrollo. Los niños curiosos aprenden y retienen información.

Los niños tienen el instinto natural de aprender si su entorno se lo permite. Están diseñados para explorar por sí mismos. Necesitan la libertad para desarrollarse. Sin ella, sufren. Si te encuentras en una constante batalla al intentar educar a tu hijo y ves que las cosas no van bien, te recomiendo darle tiempo libre y permitirle probar diversas actividades sin juzgar. Con el tiempo, descubrirá sus talentos y preferencias, y recuperará su motivación.

Lo que los niños aprenden por su propia iniciativa es un tipo de aprendizaje único e invaluable que no puede ser replicado por otros métodos o enfoques educativos. La educación se vuelve asombrosa cuando los estudiantes pueden disfrutar de su libertad. Forzar actividades, manipular su aprendizaje y controlar su futuro no conduce al éxito.

Sea cual sea el sistema de aprendizaje que elija tu hijo en cualquier momento, es importante recordar que para que su educación sea asombrosa, necesitas respetar este proceso basado en el consentimiento que llamamos educación autodirigida. Cuando los niños pueden aprender a su manera, lo hacen en todas partes y en todo momento. Una vez que desintoxiques tu mente escolarizada, te darás cuenta de que el aprendizaje no se limita a lugares y momentos destinados únicamente a la educación.

Recuerda, la única manera correcta de enseñar es aquella que funciona bien para el que aprende. Niños, adolescentes y adultos aprenden mejor cuando pueden elegir lo que hacen. Confía en la capacidad y motivación innata de tu hijo para aprender. Los niños y adolescentes quieren aprender, encontrar sus caminos y triunfar.

Dar autonomía significa permitir que tu hijo tome decisiones por sí mismo. Necesita la oportunidad de evaluar diferentes opciones, considerar alternativas y reflexionar sobre las consecuencias de sus elecciones. Concederle autonomía es crucial para que su cerebro madure y se fortalezca. La mejor forma de aprender y practicar la toma de buenas decisiones es empezar a tomar decisiones. ¿Te preocupa que tome una mala decisión? Como me dijo una vez una terapeuta infantil, es mejor que los niños cometan errores cuando son jóvenes y aún viven bajo tu techo y protección que cometerlos cuando son mayores e independientes.

Dar autonomía implica permitir que los niños establezcan sus propias metas. Cuando son pequeños, estas metas suelen ser modestas; tal vez tu hijo quiera construir una ciudad con bloques, aprender a jugar ajedrez o que lo lleves al zoológico. Con el tiempo, estas metas se vuelven más ambiciosas, como conseguir su primer trabajo, comprar su primer coche o planificar su primera acampada en solitario. Dale la oportunidad de aprender a lograr estas metas por sí mismo. A medida que su confianza crece, también lo hacen sus metas.

Cuando los adultos se interponen con dudas, tonos críticos y miradas de desaprobación sobre qué aprender y qué carrera seguir, los niños y adolescentes acaban perdiendo motivación. Llegan a la conclusión de que no hay nada en la vida para ellos. Es entonces cuando te verás buscando un artículo o un libro sobre cómo recuperar esa motivación para tu hijo.

Confía en tu hijo. Escucha y comprende lo que está intentando comunicarte. Cuando le brindas apoyo y confianza en su autenticidad y comprendes que no te corresponde a ti descubrir sus dones y talentos, te darás cuenta de que todo lo que necesita es confianza en sí mismo para trazar su propio camino.

Una buena manera de brindar autonomía y apoyar las decisiones de tu hijo es comprender que tu papel consiste en estar ahí para respaldar sus elecciones y ayudarle a lograr sus metas. Por ejemplo, si decide aprender sobre un tema específico o aspira a seguir una carrera en particular, puedes ofrecer enseñarle sobre ese tema, buscar un curso adecuado, recomendar un libro u otro material de referencia, explorar diversos recursos o encontrarle un profesional para que pueda hacer de aprendiz. Los adolescentes tienen sus propios deseos y metas. Tu labor es apoyar y alentar mientras lo acompañas, no determinar su destino.

Dar la oportunidad a los niños de ser autónomos no implica descuidar a tu hijo. Más bien, significa proporcionar la mayor libertad posible dentro de los límites de la seguridad y las normas sociales. Los niños necesitan la libertad para explorar, pero es esencial que lo hagan en un entorno seguro. Por ejemplo, no permitimos que nuestros hijos de dos o tres años crucen la calle o nadan en una piscina sin tomar las precauciones de seguridad adecuadas. En cambio, les brindamos la oportunidad de explorar y jugar en un entorno protegido, con la máxima libertad posible. Como padres y cuidadores, establecemos pautas de seguridad que nos ayudan a mantener un entorno seguro. Modelamos estas reglas para enseñar a los niños a seguirlas de manera efectiva. Al hacerlo, prevenimos accidentes, como quemaduras con la chimenea o agua hirviendo, y contribuimos a inculcarles un sentido de seguridad y responsabilidad.

A veces, es necesario controlar a los niños pequeños por su propia seguridad. No tienen mucho sentido del peligro, y debemos estar alerta para evitar sustos, ya que tienden a asomarse a los acantilados, piscinas, o correr hacia la carretera. Al ver su falta de experiencia nos preocupamos y extendemos el control a otras áreas de sus vidas, lo que comen, cómo se visten, cómo pasan su tiempo.

Pensamos que no podemos confiar en ellos, que no pueden pensar por sí mismos, y por lo tanto, debemos hacerlo por ellos.

Sin embargo, existe una diferencia entre las cosas que los niños no pueden hacer por su seguridad y las elecciones que hacen sobre cómo viven sus vidas. Tu hijo aprenderá a tomar decisiones mediante la experiencia de tomar decisiones. Desarrollará autocontrol cuando tenga oportunidades para controlarse, algo muy importante para los niños cuyos cerebros están en pleno desarrollo.

Cuando controlamos demasiado a los niños, les robamos la oportunidad de aprender a autorregularse. Tu hijo no puede aprender cuándo dejar de comer si siempre le dices que ya ha comido suficiente. No puede aprender cuándo necesita abrigarse, si siempre le insistes en que se ponga un abrigo. No puede aprender si ha tenido suficiente tiempo para jugar si siempre lo decides tú.

Aunque controlar a tu hijo parece lo adecuado, crees que lo haces por su propio bien, y en algunas situaciones es necesario, tiene un precio: le priva la oportunidad de descubrir su propio camino. Así que asegúrate de que cada vez que intervengas o dirijas, realmente valga la pena. No todo es tan peligroso como una carretera o un acantilado, y no hace falta intervenir en cada momento. Permitirle explorar y aprender por sí mismo es esencial para su desarrollo.

¿Te preocupa que tu hijo se comporte mal si no lo controlas? En realidad, los niños tienen el deseo natural de complacer al adulto que los cuida. Cuando estableces un vínculo con tu hijo, es más probable que colabore contigo. El mal comportamiento surge de un problema que tu hijo está tratando de expresar. Investiga y estudia para comprender el problema, luego encuentra una solución que beneficie a ambos. Vas a ver que, al demostrar respeto y fomentar un buen vínculo, tu hijo sigue las pautas y se comporta adecuadamente.

Nosotros, los adultos, tenemos la responsabilidad de modelar buen comportamiento y demostrar cualidades positivas frente a nuestros hijos. Ellos aprenden mediante la observación y la imitación, por lo que es fundamental liderar con el ejemplo. Recuerda que respaldar los intereses de tu hijo es una excelente manera de conectar con él y construir una relación sólida. El mal comportamiento suele desaparecer cuando hay un vínculo fuerte; en lugar de enfocarte en controlar, dedícate a conectar.

Disfrutar de autonomía en el aprendizaje y durante el desarrollo aporta numerosos beneficios. Aquí tienes algunos ejemplos:

- Aumento de la Motivación: Se ha comprobado que la autonomía está relacionada con el aumento de la motivación intrínseca. Esto significa que participas en una actividad porque la encuentras interesante o placentera, en lugar de hacerlo por recompensas o castigos.
- Mejora del Proceso de Aprendizaje: Cuando tienes el control de tu aprendizaje, te involucras en estrategias de estudio intensas y retienes mejor la información.
- Mejor Rendimiento Académico: La autonomía está vinculada a un mejor rendimiento académico, especialmente en ciencias, matemáticas y lectura.
- Mejor Salud Mental: Sentirse autónomo se ha relacionado con mejores resultados en la salud mental, incluyendo una disminución del estrés, la ansiedad y la depresión.

- Aumento de la Creatividad: Con autonomía en tu aprendizaje, tiendes a participar más en la resolución creativa de problemas y en el pensamiento innovador.
- Mejora en la Toma de Decisiones: Cuando tienes la oportunidad de decidir sobre tu aprendizaje, desarrollas mejores habilidades para tomar decisiones, las cuales puedes aplicar a otras áreas de tu vida.

El control y la supervisión excesiva por parte de profesores y padres en la educación se han asociado con efectos negativos, tales como una disminución de la motivación, la autorregulación, el rendimiento académico y problemas emocionales y de comportamiento en niños y adolescentes.

Dar más autonomía a tu hijo beneficiará su aprendizaje y desarrollo. Le ayudará a desarrollar habilidades importantes para la vida, como la responsabilidad, la toma de decisiones, la independencia y el pensamiento crítico. Aquí tienes algunas situaciones concretas en las que puedes conceder más autonomía a tu hijo y cómo esto puede funcionar de manera positiva:

- Elección de actividades: Permitir a tu hijo elegir sus propias actividades ayuda a desarrollar responsabilidad y habilidades para tomar decisiones. Por ejemplo, permite que tu hijo elija en qué actividades extracurriculares desea participar, qué hacer los fines de semana, a dónde ir en una excursión, en qué restaurante comer, dónde jugar, qué y cuándo leer, y a qué clases inscribirse.
- Decisiones sobre su apariencia: Dejar que elija su propia ropa y peinado es una forma significativa de darle más autonomía

y ayudarlo a desarrollar su identidad. Le ofrece la posibilidad de ser verdadero consigo mismo. Permitir que tu hijo tome estas decisiones transmite un mensaje de confianza y respeto hacia su individualidad.

- Poner metas: Cuando tu hijo tiene la autonomía para establecer sus propias metas, puede desarrollar un mayor sentido de responsabilidad y motivación. Apoya las metas académicas y personales de tu hijo.
- Ritmo de aprendizaje: Los niños aprenden a su propio ritmo, y concederles la autonomía para hacerlo les ayuda a ganar confianza e independencia. Deja que tu hijo trabaje por su cuenta, especialmente en lectura, escritura y matemáticas.
- Resolución de problemas: Permitir que los niños resuelvan problemas por sí mismos ayuda a desarrollar habilidades de pensamiento crítico y resolución. Motiva a tu hijo a encontrar soluciones para los desafíos diarios.
- Normas familiares: Si permites que los niños contribuyan a establecer las reglas, es más probable que las cumplan. Involucra a tu hijo en la creación de normas y expectativas, lo cual fomenta un sentido de responsabilidad y pertenencia.

Recuerda que los niños nacen con una enorme curiosidad por entender todo lo que les rodea. Si intentas controlar, manipular o desviar este proceso, se apaga el científico independiente que llevan dentro.

"La mayor parte de lo que necesitan los niños, los padres se los han estado proporcionando desde que nacieron... necesitan acceso. Necesitan la oportunidad, en ocasiones, de tener conversaciones honestas, serias y sin prisas; o en ocasiones, de bromas, juegos y tonterías; o en ocasiones, de ternura, simpatía y consuelo. Necesitan, la mayor parte del tiempo, compartir tu vida o, al menos, no sentirse excluidos de ella, en resumen, ir a algunos de los lugares a los que vas, ver y hacer algunas de las cosas que te interesan, conocer a algunos de tus amigos, descubrir qué hiciste cuando eras pequeño y antes de que ellos nacieran. Necesitan que se respondan sus preguntas o, al menos, que se escuchen y atiendan; si no sabes, simplemente di 'No lo sé'."

John Holt

Cómo empezar

Si no tienes ni idea de cómo empezar a enseñarle a tu propia hija, ¡tengo buenas noticias para ti! Tu papel no es enseñar en absoluto, sino encontrar oportunidades para que aprenda. Existen numerosos recursos en tu comunidad y en el mundo. Tu labor es buscarlos. No estás destinada a ser la maestra, sino más bien una guía o compañera en cada paso del proceso.

Además, si crees que no puedes educar a tu hija en casa porque no eres una maestra de escuela, quiero que sepas que incluso los maestros no saben qué enseñar a los niños hasta que reciben y leen los objetivos y metas diseñados por el currículo educativo. Cada grado tiene una lista de objetivos educativos que un niño debe aprender. Por ejemplo, cuando trabajé como maestra de alumnos de cinco años, uno de los objetivos era que pudieran contar hasta 100, contar de 5 en 5 y de 10 en 10. En primer grado, deben reconocer cierto número de palabras a primera vista, sin leer. En segundo grado, aprenden a escribir resúmenes de libros y chorradas similares. Tú, querida amiga, ¡es fantástico que no conozcas los objetivos educativos, créeme, fantástico! (Si deseas descubrir los objetivos y metas educativas de cada grado escolar, puedes encontrarlos en internet).

Es una gran ventaja no saber qué debería estar aprendiendo tu hija si estuviera en la escuela. Cuando no tienes expectativas preestablecidas ni un plan de seguimiento artificial para el desarrollo de tu hija, es menos probable que la juzgues, presiones o intentes que aprenda algo para lo que aún no está preparada. La ciencia y la psicología nos confirman que los niños y niñas se desarrollan a su propio ritmo y dentro de una amplia gama de lo que se considera 'normal'.

Siguiendo la batuta de tu hija, puedes tener presente sus puntos fuertes y los retos que se le van presentando. Este enfoque permite que tu hija aprenda a su propio ritmo y de manera cómoda y natural. Cuando los niños tienen la libertad de aprender de esta manera, se sienten menos presionados, avergonzados o corregidos cuando se enfrentan a dificultades con ciertas habilidades, como la lectura o la escritura.

Al no imponer a tu hija el aprendizaje obligatorio ni objetivos organizados por edad, le estás dando espacio para la curiosidad, para buscar el aprendizaje con propósito y para amar aprender. Cuando permites que descubra según sus preferencias, estás honrando su camino hacia una educación asombrosa.

En lugar de centrarte en lo que tu hija debería aprender a una edad determinada, dedícate a estudiar a tu propia hija. Obsérvala. Ella es quien sabe lo que debería estar aprendiendo. Y si prestas atención, te irá indicando qué ofrecerle para que pueda aprender. La clave es proporcionar. Tu hija no aprenderá si pasa todo el día en una habitación vacía, sin interacción con el entorno. Los niños deben explorar, tocar, ver, escuchar y participar en actividades.

Comienza viviendo plenamente tu vida y fortaleciendo el vínculo con tu hija. Si tu chiquitina todavía es una bebé, simplemente sumérgete en tu día a día y construye un apego fuerte. Desde su nacimiento, los niños llegan al mundo con un diseño biológico que los impulsa a aprender por sí mismos. La selección natural ha esculpido su curiosidad innata, su entusiasmo y deseo de jugar, así como su sociabilidad, todo con el propósito de facilitar su aprendizaje. Así que, deja que ocurra. Habla, canta, pon música, lee y coloca juguetes o cualquier cosa segura y apropiada para su edad en cada habitación de la casa. Sal a dar un paseo, ve al supermercado; cualquier actividad que realices en tu vida cotidiana será una excelente experiencia.

Si tu hija ya es mayor cuando decides sumergirte en el mundo de la educación libre, comienza permitiéndole jugar. Créeme, jugar, jugar, jugar. Aunque dejar que tu hija juegue puede parecer que estás retrasando su instrucción académica formal, en realidad, retrasar es algo recomendado por investigaciones en educación. Espera hasta que tu hija muestre señales de estar lista, y por favor, resiste la tentación de compararla con los hijos de otras familias. Cada uno tiene su propio reloj biológico. Al presionar a los niños demasiado pronto, se desencadenan diversos aspectos negativos.

El juego no es una tontería. Mejora la estructura y función cerebral, y fomenta la función ejecutiva, lo que nos permite perseguir objetivos e ignorar distracciones. Además, el juego es fundamental para aprender habilidades del siglo XXI, como la resolución de problemas, la colaboración y la creatividad, las cuales requieren habilidades de funcionamiento ejecutivo cruciales para el éxito en la vida adulta.

Además, desempeña un papel fundamental en el desarrollo emocional y psicológico de los niños. Debes comprender y respetar la importancia del juego como una herramienta crucial para el crecimiento y bienestar emocional de tu hija. No se debe menospreciar ni marginar el juego en el proceso educativo, sino que debe considerarse como parte fundamental del mismo.

Si tu hija ya es adolescente cuando decides darle las riendas para liderar su propia educación, permítele descansar, dale tiempo libre y deja que juegue. Tanto tú como tu adolescente necesitáis tiempo para desescolarizar vuestra mentalidad y tomar un largo descanso para recuperaros. Tu adolescente tiene que sanar de cualquier experiencia escolar que haya tenido. Se requiere tiempo, tanto para ti como para ella, para darte cuenta de que puedes aprender sin seguir las rutinas típicas de la escuela y que siempre puedes aprender, estés donde estés.

Una educación asombrosa implica que el estudiante lidere el proceso educativo, mientras tú actúas como facilitadora. Las familias llevan a cabo la educación libre de todas las maneras que puedas imaginar y probablemente algunas que aún no hayas considerado. Es complicado decirte cómo hacerlo cuando ni siquiera conozco a tu hija.

Debes abrir la mente para darte cuenta de que el aprendizaje viene en muchas formas y maneras diferentes, y probablemente no se parezca en nada a lo que piensas que es 'aprender'. Muchas madres y padres se sienten incómodos con esta mentalidad, pero no llegaremos a ningún lado a menos que cambies tu manera de pensar. Tu hija no tiene que aprender que $2 + 2 = 4$ en un cuaderno de matemáticas, en un papel o una pizarra. Puede sumar y restar mientras juega con coches o muñecas en su habitación. También puede aprender a leer y escribir en la playa utilizando un palo o una concha en la arena, sin necesidad de ningún libro, lápiz o papel.

Desprográmate. Cambia tu perspectiva educativa. Aunque ya lo he mencionado en otro capítulo, es tan crucial que tengo que repetirlo. Si fuiste a la escuela cuando eras pequeña y eres nueva en este enfoque educativo, es una buena idea que te desescolarices. Borra la escolarización mental que tienes tan grabada. Muchos de nosotros hemos sido condicionados a pensar dentro de los parámetros de la escuela. La idea es liberar tu mente de las estructuras escolares. A menudo pensamos que el aprendizaje debe seguir un camino específico y que cualquier actividad que no conduzca al aprendizaje carece de valor. Pero no es cierto, así que tómate el tiempo necesario para derribar esa mentalidad y abandonarla.

Confía en que los niños aprenden cuando les proporcionas un entorno rico, los involucras en la vida cotidiana y los ayudas a encontrar respuestas a sus preguntas. Este es el plan para una educación asombrosa. Es así de simple.

Pero, ¿cómo?

Esta es la parte difícil, ya que no hay un solo método ni una única manera correcta. Las familias que están comenzando necesitan y quieren saber cómo hacerlo. No hay una respuesta específica sobre qué hacer, ya que cada niño es único. Todos tienen diferentes necesidades, intereses, habilidades, metas y entornos. ¿Qué pensarías si la gente te dijera que solo hay una forma de vivir la vida, una única manera de hacer tu trabajo? No lo soportarías porque te quitaría tu libertad y toda la diversión.

Decirte cómo educar a tu hija es como quitarte la libertad y toda la diversión que conlleva. Realmente me resulta difícil decirte cómo. Voy a ofrecerte algunos consejos sobre cómo podrías hacer las cosas, pero son solo ideas para que comiences. Hazlo a tu manera.

"No hay diferencia entre vivir y aprender... es imposible, engañoso y perjudicial pensar en ellos como separados." John Holt

Tu hija va a cuestionarlo todo. Buscar y encontrar las respuestas hará que su educación sea asombrosa, ya que el aprendizaje será significativo. Cada vez que tu hija plantee una pregunta, es una oportunidad para descubrir algo nuevo. Investiga junto a ella. Buscad libros en la biblioteca o mirad un documental. Justo ayer, mientras conducía, mi hija me preguntó por qué el hielo flota y las rocas se hunden. Recuerdo haber aprendido eso en la escuela, pero no recordé la explicación. Cuando llegamos a casa, buscamos en internet la respuesta y aprendimos todo sobre la densidad.

Tus conocidos, amigos, familiares, vecinos y otras familias que educan en casa pueden ser unos **profesores fantásticos.** Un familiar mío, que es bombero, le encantó cuando le pedí que hiciera un taller para mis hijos. Hizo un trabajo estupendo educándolos, y mis hijos aprendieron lecciones importantísimas. ¿Conoces a un periodista, actor, mecánico, dentista o abogado? Seguro que se sumarán a ayudarte a educar a tu hija. Incluso el lugar que frecuentas, ya sea una cafetería, restaurante o tintorería, podría estar dispuesto a colaborar.

Los juegos son excelentes recursos. Todo tipo de juegos, ya sean al aire libre, de mesa, de cartas o videojuegos apropiados para su edad, son fantásticos para aprender los conceptos básicos de lectura, escritura, matemáticas y otras materias. Mis hijos aprendieron todo sobre los impuestos mientras jugaban al Monopolio, y mi hijo más pequeño perfeccionó sus habilidades matemáticas jugando a Mario.

Intenta decir 'sí' más a menudo. Si tus hijos quieren hacer proyectos de arte que van a ensuciar casi toda tu casa, dile que sí. Si quieren cocinar galletas y acabas de limpiar la cocina, di que sí. Si desean jugar al aire libre cuando está lloviendo, di que sí. Incluso si quieren montar la tienda de campaña en el salón durante toda una semana, di que sí. Y, por supuesto, si quieren dejar los juguetes en la sala porque los usarán nuevamente mañana, di que sí.

Muestra todo lo que te sea posible. Sal con tu hija a explorar cada rincón de tu ciudad, pasea en bicicleta, visita parques y conoce gente nueva. Llena tu hogar con libros y revistas, mira programas sobre cosas interesantes, llévala a ver un musical o un evento deportivo, iros de viaje. Incluso si al principio tu hija no parece interesada en nada de lo que le muestras, al involucrarla en diversas actividades y experiencias, la ayudarás a explorar nuevos intereses y descubrir cosas nuevas por sí misma. Muéstrale el mundo y el valor de las experiencias. Explora, pasa tiempo al aire libre y aprende sobre el mundo que os rodea. La curiosidad siempre abrirá puertas y os llevará por nuevos y emocionantes caminos llenos de aventuras y aprendizaje.

Observa a tu hija. Darte cuenta de lo que funciona bien para ella es lo que hace que su educación sea asombrosa. Prueba cosas nuevas, obsérvala y, con el tiempo, será ella quien trace el camino. Síguelo.

Dale tiempo libre y sin estructura. No es necesario entretener o mantener ocupada a tu hija todo el tiempo. También es importante tener momentos aburridos, tiempo libre y tiempo sin estructura. El juego libre es una magnífica forma de alimentar y potenciar la curiosidad y el sentido de descubrimiento. Cuando permites que tu hija sea curiosa y explore, la ayudas a desarrollar confianza y aprecio.

Sigue sus intereses. Aunque sea una tontería o un interés pasajero de solo un día, síguelo. Abrirá puertas a más aprendizaje.

Ten paciencia y confía. Los resultados los verás más adelante. Con el tiempo, notarás progreso. Es importante confiar en que los niños pueden aprender por sí mismos, con una orientación mínima. Tu hija aprenderá si les interesa algo o si necesitan algo.

Proporciona un entorno enriquecedor. Un espacio donde tu hija pueda aprender de manera natural y fácil en todo momento. Un entorno diseñado para respaldar y promover una amplia variedad de experiencias de aprendizaje y oportunidades. Con diversidad de recursos como libros, tecnología, materiales manipulativos, material artístico, naturaleza y juegos. Un entorno que ofrece oportunidades de aprendizaje práctico que permite explorar, experimentar y resolver problemas. Un entorno que brinda oportunidades para que tu hija trabaje con otros niños, se comunique con sus compañeros y desarrolle habilidades sociales e interpersonales importantes. Debe ser acogedor, inclusivo y de apoyo que anima a tu hija a asumir desafíos, cometer errores y aprender de ellos. Y adaptado a las necesidades e intereses de cada niño. El entorno es tu hogar, el bosque, cualquier lugar con naturaleza, el parque y la comunidad.

Si tu hija es muy pequeña, aparta los objetos que no quieres que toque o rompa (decoraciones en la mesita o estantes, y productos de limpieza peligrosos), y sustitúyelos por objetos que sí pueda tocar (juguetes, libros infantiles, ollas y sartenes). Así, tu hija podrá explorar libremente, aprendiendo constantemente, sin que interrumpas su curiosidad con la típica frase: "¡No toques esto!"

Cuanto más libertad tengan las criaturas para explorar y menos escuchen el "No" o "No juegues con esto", mejor. Trata de decir "no" solo cuando sea realmente necesario. Reserva esta palabra para situaciones peligrosas como "No toques la chimenea ardiendo" o "No cruces la calle".

Un entorno enriquecedor no implica necesariamente comprar juguetes nuevos o costosos. Significa tener cosas interesantes alrededor para observar y explorar. Tu hija jugará feliz con una cocinita o una bicicleta de segunda, e incluso tercera mano. A los niños les encanta jugar con cosas económicas como material reciclable, cajas de cartón, botellas de plástico, envases de yogur, así como con ollas, sartenes, tuppers y pajitas. También disfrutan jugando con ropa vieja que ya no usas y les encanta jugar al aire libre, ya sea en el bosque o en cualquier entorno natural.

Un entorno enriquecedor consiste en ofrecer oportunidades y actividades. Habla con tu hija, pon música, coloca los juguetes al alcance y llévala a distintos lugares. Sal del medio y dale espacio para que explore y juegue.

La clave para brindarle a tu hija una educación asombrosa es permitirle aprender a aprender y educarse por sí misma. Tu hija estará preparada para enfrentar el futuro si desarrolla la habilidad de aprender de manera autónoma. En un mundo donde el conocimiento puede volverse obsoleto, aquel que sabe cómo aprender cualquier cosa estará listo para adquirir las habilidades necesarias y triunfar.

Pero, ¿cómo es un día?", pregunta todo el mundo.

Es complicado decirte porque cada persona es diferente. Te puedo decir que se parece a un sábado, o a tu día libre, o tal vez al verano. ¿Qué haces en tu día libre? Creo que educar a nuestros hijos en libertad se asemeja a tu día libre.

Algunas familias visitan museos, parques infantiles, pasean por el bosque o van a la playa a nadar. Otras prefieren quedarse en casa a descansar y permiten que los niños jueguen en el patio, con los vecinos o en casa de un amigo, y luego todos acurrucados en el sofá disfrutan una película. Algunas familias hacen excursiones, practican deportes o asisten a eventos deportivos. El día puede ser tan planificado y estructurado como tú y tu familia lo necesiten, o puede ser completamente improvisado si tú y tu familia desean disfrutar de la libertad.

Cuando mis hijos eran pequeños, algunos días los pasábamos en casa jugando sin parar. Se divertían un montón mientras yo, acurrucada en mi sofá, leía los libros de John Holt, uno tras otro. Otros días los dedicábamos a limpiar la casa, lavar ropa, cocinar, leer (madre mía, cuánta lectura) y, a veces, disfrutar de una película o dibujos animados.

Algunos días nunca estábamos en casa. Empacábamos la comida y la merienda, y pasábamos el día en el bosque, el lago o el río con algunos amigos. Otros días tenían un enfoque más académico. Íbamos a la biblioteca para pedir más libros, pasábamos un rato leyendo revistas infantiles, participábamos en alguna de sus clases o talleres, y asistíamos a las clases que organizaba la cooperativa de familias de educación en casa.

Pero, si solo jugamos y vivimos como si cada día fuera un sábado, ¿cómo van a aprender lo básico?"

Toda la evidencia del desarrollo infantil respalda que los niños tienen una motivación innata. La lectura, la escritura y las matemáticas son habilidades básicas para la vida. Los niños las adquieren como subproductos de vivir en un entorno interesante, estimulante y rico en texto. Su aprendizaje se integra de manera fluida con sus vidas; en lugar de estudiar lo básico como objetos separados en momentos específicos, lo absorben como formas de pensar mientras persiguen otros intereses y objetivos. Los conocimientos básicos son tan cruciales para desenvolverse de manera independiente en nuestro mundo que los niños eventualmente encuentran una razón muy válida para adquirirlos y, motivados por esa razón, lo hacen rápidamente.

Los niños que tienen la libertad de dirigir su propia educación aprenden de la misma manera que tú, o yo aprendemos como adultos: basándose en lo que les interesa, descubriendo cómo aprenderlo por sí mismos, adaptándose a medida que cambian, utilizando cualquier recurso y material de aprendizaje que encuentren, impulsados por la curiosidad y la aplicación práctica en lugar de hacerlo porque alguien dice que es importante.

Esta forma de aprender es como aprendí a cocinar, conducir, decorar mi casa, arreglar lo estropeado, a ser una buena maestra, a cómo ser madre, a entender de psicología, finanzas, emprender, publicar libros, promocionarlos y difundir sobre la educación libre. Es la manera en que tu hija aprenderá cuando sea adulta. ¿Por qué no permitirle aprender así desde ahora?

"¿Pero cómo sabemos que están aprendiendo?"

Si conoces a fondo a tu hija, la observas, escuchas, pasas tiempo conversando con ella, te sientas cerca y estás presente, recopilarás todos los datos necesarios para demostrar que tu hija está aprendiendo. Créeme.

Aquí tienes un ejemplo. Supe que mis hijos aprendieron a escribir porque lo vi en sus juegos simbólicos. Cuando jugaban a la tiendita o al restaurante, escribían el menú y los precios en un papel y en una pizarra. También, cada año alrededor de la Navidad, hacían una lista de los regalos que querían recibir. Cada año, tuve la oportunidad de ver cómo mejoraba su escritura. Cuando crecieron y se matricularon en clases, los deberes de esas clases incluían escritura, y fue entonces cuando noté que sabían escribir bien.

Sabrás que tu hija está aprendiendo. Créeme. ¡Madre mía! Mis hijos eran (y continúan siendo) enciclopedias ambulantes. Mi hija solía hablar sin parar sobre razas de perros: sus características, su origen, ¡de todo! ¿Y mi hijo? Un genio de la geografía. Me contaba todo sobre diferentes países: su población, lugares famosos y capitales. En cuanto a mi hijo mayor, tenía un verdadero don para explicar todo tipo de cosas: noticias, problemas políticos, historia y datos científicos. Te lo juro, escucharlos hablar era agotador.

"¿Pero cómo podemos apoyar las pasiones e intereses de nuestros hijos si ni siquiera sabemos cuáles son?"

Aquí tienes varias señales de que a tu hija le apasiona alguna actividad o interés en particular.

Entusiasmo: El auténtico entusiasmo y las ganas de tu hija hacia una actividad o interés en particular pueden indicar una auténtica pasión por ello.

Curiosidad: Si tu hija pregunta con frecuencia o busca activamente información sobre una actividad o interés en particular, puede ser señal de que siente una verdadera pasión por ello.

Habilidad innata: Si tu hija tiene un talento natural o una aptitud para una actividad o interés específico, puede ser indicativo de que siente auténtica pasión por ello.

Creatividad: Si a tu hija le gusta explorar distintas formas de hacer las cosas o experimentar con enfoques diferentes para una actividad o interés específico, podría indicar que siente auténtica pasión por ello.

Dedicación: Si tu hija se enfrenta a dificultades o requiere un tiempo y esfuerzo considerables, y continúa enfocada practicando o mejorando en una actividad o interés específico, podría ser señal de que siente auténtica pasión por ello.

Alegría y Plenitud: Si a tu hija le llena de alegría y satisfacción una actividad o interés en concreto, proporcionándole un sentido de propósito o significado, podría indicar que siente auténtica pasión por ello.

Algunos intereses durarán un día, y otros, años. Algunas pasiones pueden resultar caras, y es posible que te sientas frustrada cuando tu hija las deje. Pero es importante recordar que tu dinero no fue derrochado. Tu hija aprendió, y tú invertiste en su crecimiento y desarrollo.

Es esencial entender que cada niño es único y descubrirá sus intereses a su propio ritmo. Si tu hija no tiene una pasión o interés específico, anímala a explorar diferentes opciones y descubrir lo que le gusta, permitiéndole probar cosas nuevas y experimentar con distintas actividades. Motívala a explorar diversas actividades y estar abierta a probar cosas nuevas, como apuntarse a clases de arte o música, unirse a equipos deportivos, formar parte de un club o ser voluntaria en una organización.

Haz algo que nunca hayáis hecho, cambia la rutina y sorpréndela con un nuevo libro, revista, receta, documental o cualquier cosa. No la fuerces a participar en una actividad o interés en particular; permítele renunciar si no lo está disfrutando. Dejar una actividad no es malo. Es crucial tener presente que cada niño es diferente y que sus pasiones e intereses pueden florecer en distintas fases.

Mientras tanto, vive tu vida. Deja que se asombre con todo. Aquello que comienza como una pequeña curiosidad podría convertirse en su profesión en el futuro.

"¿Cómo sé si lo estoy haciendo bien?"

Lo sabrás cuando veas la felicidad y la motivación de tu hija por aprender.

Si tu hija es feliz, significa que lo estás haciendo fenomenal. Esto no implica que debas complacerla las 24 horas del día o que tu hija nunca llore; llorar y vivir momentos tristes son parte de la vida. Me refiero a la felicidad general de tu hija.

Si ves a tu hija motivada para aprender sobre cualquier tema, sin importar cuál sea, y muestra dedicación, pasión, interés y curiosidad, es evidencia de que estás haciendo un buen trabajo. Sin embargo, si su motivación desaparece, ya no se muestra interesada en aprender nada y parece que nada le importa, presta atención, porque es una señal de que algo no va bien.

Si en algún momento piensas que no estás haciendo lo suficiente, que deberías estar haciendo más, ofrécele a tu hija diversas oportunidades. Por ejemplo, podrías sugerirle y preguntarle si le gustaría ir al zoológico, leer un libro nuevo, apuntarse a una clase o hacer una excursión. Es crucial aceptar la respuesta que te dé y respetar su decisión, ya que es ella quien dirige su educación.

Si observas, proporcionas y respetas, lo harás genial.

"Hay castigos muy severos por ser un mal estudiante,
pero no hay castigos en absoluto por ser un mal profesor."

John Holt

Ni mejor ni peor, diferente

Necesidades educativas especiales

"En lugar de diagnosticar a los niños, diagnostiquemos
entornos, diagnostiquemos sistemas."
Dra. Vanessa Lapointe

De vez en cuando, alguna familia me pregunta cuál es el mejor plan de estudios o método educativo para educar en casa a su hijo diagnosticado con un trastorno del espectro autista. Ojalá fuera tan fácil como conectarse a internet y, con solo un clic, comprar la educación ideal. La realidad es que la educación perfecta para tu hijo no existe; tienes que crearla.

La educación ideal para cualquier niño, ya sea diagnosticado o no, con o sin dificultades de aprendizaje, con o sin habilidades excepcionales, es aquella que creas al observar y proporcionar lo que necesita. La educación autodirigida funciona bien para todos los niños, independientemente del diagnóstico, porque el aprendizaje autodirigido es un plan personalizado y adaptado a medida. Es la adaptación curricular perfecta.

Una Adaptación Curricular o Plan Educativo Individualizado es un documento creado por un equipo de profesionales que los maestros y el personal escolar deben seguir. Esto implica que deben enseñar y tratar a tu hijo de la manera que su equipo haya considerado mejor. La educación asombrosa ya es, en sí misma, una adaptación individualizada, y eres tú quien organiza y selecciona el equipo. Ser educado en casa es automáticamente una experiencia individualizada, la mejor que existe.

Muchas familias en Estados Unidos eligen educar en casa debido a las necesidades especiales de sus hijos. Y muchas familias de otros países, donde la educación fuera del sistema escolar es algo desconocido, a menudo me preguntan si es una buena idea educar a un niño con dificultades de aprendizaje sin ir a la escuela. ¡Claro que sí! No hace falta ser una experta en educación especial para convertirte en una experta en tu propio hijo.

Cuando un maestro se titula en educación especial, dedica años a estudiar cómo enseñar a niños con diversas discapacidades. Sin embargo, en tu situación, solo necesitas centrarte en la discapacidad específica (o discapacidades) que hay en tu familia. El saber es poder. Investiga, estudia, aprende todo lo que puedas sobre el diagnóstico de tu hijo. Busca y conecta con otra familia que educa en casa a un niño con necesidades especiales y aprende de su experiencia. Lee algunos libros y sigue a expertos en redes sociales. Apúntate a una o dos clases sobre la condición de tu hijo y estudia, investiga y aprende todo acerca de esta etiqueta que le pusieron a tu niño. Mantente informada.

No es necesario que te enfrentes a todo sola. Hay una gran cantidad de recursos en línea que te ayudarán a aprender todo lo que necesitas saber para triunfar. Por lo general, las madres se convierten en expertas en la discapacidad de su hijo y se transforman en educadoras asombrosas. Tú también lo lograrás.

Es importante tener en cuenta que muchos niños son mal diagnosticados con dificultades de aprendizaje cuando, en realidad, están experimentando trauma. Los niños con recuerdos traumáticos enfrentan problemas para centrar la atención y asimilar nueva información. Es crucial obtener el diagnóstico correcto para abordar la situación de manera precisa.

Educar sin escuela o en un centro de educación autodirigida es genial para los niños con un bloqueo mental que les impide aprender en el entorno escolar convencional. De hecho, algunas dificultades de aprendizaje simplemente desaparecen cuando el niño está en casa, sin estrés, seguro, feliz, y lejos de la presión de la escuela donde se siente inferior. Al cambiar el entorno, aliviar la presión y ajustar el método educativo, algunas de las dificultades de tu hijo desaparecerán. Cuando los niños se sienten a gusto y seguros, empiezan a brillar y a aprender. Muchos problemas desaparecen al personalizar el método de aprendizaje, ya que no estás obligando a un niño que es único y diferente a someterse al programa educativo típico y estándar que muchas escuelas convencionales utilizan. Tristemente, estas escuelas no fueron diseñadas teniendo en cuenta el desarrollo saludable de los niños.

Tu hijo necesita todo el cariño, apoyo y ánimo que pueda recibir. Aprender libremente se convierte en un salvavidas para la salud mental de algunos niños. Cuando tu hijo y tú estáis al mando del horario, el ritmo y el plan, él florecerá. No necesitas permiso de nadie para adaptar el aprendizaje de tu hijo según sus necesidades. Haz lo que mejor funcione para ti y tu niño. Como siempre te digo, sigue su pasión. Este enfoque te permite comenzar con sus puntos fuertes y utilizarlos para que se entusiasme y se involucre.

Cuando te preocupas y te entra el pánico acerca de ¿aprenderá a leer? Escribir? o comprenderá las matemáticas? En realidad lo que te preocupa es no saber si tu hijo tendrá un buen futuro. Amiga mía, tu hijo estará bien, incluso si no domina ciertas habilidades académicas, siempre y cuando sea consciente de sus fortalezas y cuente con herramientas diversas para manejar sus debilidades. Tu hijo es mucho más que sus diferencias, complicaciones y dificultades.

Un niño nunca debería ser definido por lo que no puede hacer. Quiero animarte a dejar de lado objetivos exigentes, expectativas y miedos. Aunque la investigación demuestra constantemente que la práctica y la intervención pueden mejorar cualquier habilidad, es crucial evitar un enfoque exclusivo en corregir y mejorar lo que tu hijo no puede hacer, ya que esto afecta negativamente su autoconfianza, lo desilusiona, generándole ansiedad e incluso depresión. La investigación también demuestra de manera constante que cuando se le permite a un niño dedicar más tiempo al desarrollo de sus fortalezas, adquirirá naturalmente las habilidades necesarias para superar cualquier desafío o dificultad en su camino.

Puedes confiar en que si tu intuición te está guiando hacia la idea de educar a tu hijo en casa, es porque es una manera perfecta de ayudarlo a triunfar. Permíteme explicarte por qué:

- Tu hijo es el protagonista de su propio proceso educativo. Tienes la oportunidad de crearlo a medida para que sea perfecto para él.
- Puedes adaptar TODO lo que haces.

- Te permite presenciar ese mágico momento en el que tu hijo conquista un obstáculo que anteriormente le resultaba difícil.
- Tu hijo puede aprender a su propio ritmo, sin presiones externas.
- Tienes la libertad de elegir un estilo o método educativo que funcione específicamente para tu hijo.
- Tu hijo tiene la oportunidad de adquirir nuevas habilidades cuando esté verdaderamente preparado.
- Este enfoque fomenta el desarrollo de la autoconfianza en tu hijo.
- Y, lo más importante, esta educación personalizada lo mantiene inspirado e involucrado.

Educar a un hijo con necesidades especiales puede resultar agotador, exigente y estresante en algunos momentos. No olvides cuidarte y asegúrate de contar con un buen equipo de apoyo. Las madres dedican tanto esfuerzo y preocupación que, al final, terminan sufriendo de agotamiento: fatiga, enfermedades, ansiedad, estrés y demás. No dejes que te ocurra. Busca ayuda o recursos que te permitan tomar descansos cuando los necesites. Recuerda que tu bienestar es esencial para brindar el mejor apoyo posible a tu hijo.

No intentes hacerlo todo tú sola. Míralo de esta manera, al igual que otros padres contratan a un profesor de música porque no saben enseñar a sus hijos a tocar el violín o el piano, tú puedes contratar a un profesional que te ayude en aquello en lo que no eres experta.

En varios estados de Estados Unidos, la División de Discapacidades del Desarrollo ofrece servicios y apoyos de calidad para individuos con discapacidades del desarrollo y sus familias. Cada estado cuenta con normativas específicas sobre cómo los niños con discapacidades pueden recibir servicios de los distritos escolares. Dependiendo del estado en el que vivas, es posible que puedas acceder a recursos gratuitos. Algunos distritos escolares tienen la responsabilidad legal de identificar y evaluar a los niños con necesidades especiales. Una vez evaluados, en muchos estados se ofrecen servicios. Recuerda que no estás sola y buscar ayuda especializada puede ser beneficioso tanto para ti como para tu familia.

Educar en casa es una aventura llena de retos, y aunque eres perfectamente capaz de educar a tu hijo, habrá momentos en los que necesitarás ayuda. Por ejemplo, tu hijo podría necesitar terapia, o quizás necesites la colaboración de un tutor. Recibir ayuda de profesionales no disminuye en absoluto el esfuerzo que estás dedicando día tras día.

Hay grupos de apoyo para familias que educan en casa a niños con necesidades educativas especiales. Organizaciones estatales de educación en casa, asociaciones de ayuda para niños con discapacidad, agrupaciones de personas con necesidades educativas especiales y grupos como National Challenged Homeschoolers Associated Network ofrecen apoyo y una amplia variedad de recursos.

Cada estado, y cada país, tiene diferentes normativas para la educación en casa de niños con necesidades especiales. Averigua los requisitos legales y las pautas para enseñar en casa a un niño con necesidades especiales. Por lo general, en los grupos de familias que practican la educación en casa, suele haber al menos una familia con un niño con alguna necesidad especial, y suelen tener valiosa información.

También puedes buscar en el sitio web del Departamento de Discapacidades del Desarrollo o Ministerio de Educación de tu estado o país. La oficina de tu pediatra, el sitio web del distrito escolar local, el sitio web de los servicios de atención de salud conductual de tu estado y https://hslda.org también tendrá información útil.

Tómate las cosas con calma, poco a poco, pide ayuda cuando lo necesites y confía en ti misma. ¡Tú puedes! Muchas familias han optado por dejar la escuela pública y empezar a educar en el hogar, y han tenido un gran éxito. En mis redes sociales, varias de ellas comparten el mismo comentario: "¡La mejor decisión que he tomado en mi vida!"

Aquí te dejo un poco de información y ayuda.

www.aeducade.es
http://amaneed.org
https://aand.es
https://ampnee.org
www.fundaciotalita.org
https://www.apneef.org

inglés
https://www.understood.org
https://www.nathhan.com
https://tacanow.org
https://www.gemmlearning.com
https://wilostar3d.com

Altas Capacidades y doble excepcionalidad

"Descubrir lo que no sabes o no estás seguro es la habilidad
intelectual más magnífica de todas."
John Holt

Nuestra sociedad ha marcado un camino normativo para que
todos lo sigamos. Sin embargo, al criar y educar a un niño con
altas capacidades o a un niño con doble excepcionalidad, la educación convencional de las escuelas y los currículos diseñados para
la educación en el hogar no cubren sus necesidades. La educación
autodirigida es una forma de aprendizaje que beneficia a todos los
niños, A TODOS. Cuidar y educar a estos niños asombrosos requiere un enfoque distinto al de la mayoría de los estilos de crianza
convencionales.

Cuando tienes un hijo que piensa de manera altamente acelerada
y en formas divergentes, fuera de lo común, la educación convencional cuadriculada no solo resulta inapropiada, sino que también
puede ser perjudicial y regresiva.

Es esencial que te tomes un tiempo para desescolarizar tu mentalidad si tienes un hijo dotado. Te beneficiará tanto a ti como a
él, al dejar atrás la mentalidad escolar y adoptar una perspectiva
centrada en el aprendizaje. El mejor regalo que puedes hacerle a tu
hijo es darle el control de su educación. Al hacerlo, descubrirás que
las cosas que le interesan aprender son más valiosas y significativas
que lo que se enseña típicamente en las escuelas. Déjalo aprender a
su manera, está programado así. Todos lo estamos.

Cuanto más divergente y asincrónico sea tu hijo, menos funcionará el enfoque educativo lineal de las escuelas y los cuadernos educativos. Estos niños cuestionan todo. Tienen una sed insaciable de aprender y hacen preguntas que no tienen respuestas fáciles. Alimentas mejor esta curiosidad apasionada cuando no hay límites que restrinjan su aprendizaje no lineal.

No oprimas una mente creativa. Es fundamental permitir que la mente de tu hijo explore a fondo sus áreas de interés. Si deseas que tu hijo triunfe, dale toda la autonomía posible, especialmente en su aprendizaje. Es un experto en descubrir sus intereses y sumergirse profundamente en las áreas que le resultan atractivas.

No dejes que ninguna agenda externa se interponga en la educación de tu hijo. Honra sus necesidades individuales y permite que florezca. Adopta el rol de facilitador, ofrece apoyo y guía. Verás cómo tu hijo se interesa y se motiva por aprender, participando activamente en conversaciones y actividades. No serás tú quien le enseñe. Él te enseñará a ti.

Confía en tu hijo.

Aquí te dejo un poco de información y ayuda.

www.aesac.org
www.elmundodelsuperdotado.com
www.aest.es

www.altascapacidadesytalentos.com
www.altascapacidades.cl

inglés
https://www.sengifted.org
https://nagc.org

El niño que no quiere aprender

"Pedimos a los niños que hagan durante la mayor parte del día lo que pocos adultos pueden hacer ni siquiera durante una hora. ¿Cuántos de nosotros, asistiendo, por ejemplo, a una conferencia que no nos interesa, podemos evitar que nuestras mentes divaguen? Casi ninguno."
John Holt

En varios libros y artículos escritos por profesionales, te ofrecen estos consejos para motivar a los estudiantes que se niegan a aprender:

- Involucra al estudiante en el proceso de toma de decisiones. Por ejemplo, pregúntale su opinión. Cuando los estudiantes ven que su aportación cuenta, es más probable que se impliquen en el proceso educativo.

- Destaca lo que tu estudiante hace bien. Centrarse en las fortalezas de los niños no solo fomenta sentimientos positivos, sino que también los prepara para tener éxito en el futuro.
- Conoce y conecta con tu estudiante. Descubre sus pasiones y averigua sus intereses. Estas conexiones respetan sus valores y pueden aumentar su sentido de pertenencia.
- Vincula las lecciones con los intereses de tu estudiante. Tu plan educativo cobrará vida si incluye aplicaciones del mundo real. Si los niños pueden relacionar lo que están aprendiendo con lo que les interesa, es más probable que se involucren en el aprendizaje.
- Introduce nuevos conceptos en pequeñas dosis. En lugar de impartir una lección completa sobre un tema nuevo, intenta presentar fragmentos de información con actividades cortas e interactivas. Esto facilita que tu estudiante te comunique cualquier dificultad que pueda surgir, en vez de acumularlas y sentirse agobiado.
- Apoya a tu estudiante en todo momento. Esta es la manera más evidente, y al mismo tiempo, la más complicada, de involucrar al estudiante que no tiene interés en aprender: Hazle saber que puede pedir ayuda siempre que la necesite, esté donde esté.

Como ves, ¡estos consejos para motivar a los estudiantes renuentes son prácticamente lo mismo que la pedagogía libre! La resistencia desaparece cuando permites a los niños guiar su propio aprendizaje y les ofreces apoyo. Cuanto menos ganas tenga un niño de aprender, más libertad necesita para elegir qué aprender.

¡Potencia la experiencia educativa de tu hijo! El estudiante renuente no mostrará resistencia cuando tenga control sobre su aprendizaje. Desátalo. Deja que tome la batuta y observa cómo prospera.

Neurodiversidad

"No está mal ni es deficiente, sino que es una variedad del cerebro humano que tiene otras fortalezas y otros desafíos."
Elisa Luz Soto Ceballos

Demasiadas escuelas etiquetan a niños con dificultades de aprendizaje y los obligan a asistir a clases especiales para corregir algo que no necesita corrección. Cada uno de estos niños es un aprendiz único, cuyos dones, talentos y habilidades son ignorados por las escuelas.

Lamentablemente, con frecuencia se evalúa a los niños como si estuvieran al mismo nivel que otros que no enfrentan dificultades, y se les etiqueta con problemas de aprendizaje, ya sea en lectura, memoria o concentración. Se les considera víctimas de alguna disfunción neurológica. Hasta hace muy poco, nadie había cuestionado la teoría o la práctica que ha llevado a tantos niños a clases de 'educación especial'. Algunos han sido sometidos a tratamientos especiales con medicamentos y han sido estigmatizados, lo que ha llevado a muchos a cargar con un sentimiento de inferioridad intelectual de por vida.

Como bien dice la doctora Jean Houston: '¿Cuántos pensadores y almas creativas se desperdician, cuánto potencial cerebral se va por el desagüe debido a nuestras anticuadas y limitadas ideas sobre el cerebro y la educación? Sin lugar a dudas, los números son espantosos.'

Educar en casa te da la oportunidad de ayudar a tu hijo a recuperar su dignidad al descubrir cómo aprende mejor y luego apoyarlo para que lo haga a su manera. Las escuelas convencionales a menudo no tienen la capacidad de adaptarse a las diferencias individuales. Si tu hijo muestra su verdadera naturaleza individual y se destaca mínimamente de lo considerado normal, es probable que lo discriminen o etiqueten, convirtiéndolo en una categoría en lugar de reconocerlo como un ser humano.

¿Has asistido alguna vez a las reuniones para adaptar el currículo escolar a las necesidades educativas especiales de tu hijo? La mayoría de la reunión se enfoca en los aspectos negativos del niño: no sabe leer, le cuesta concentrarse, enfrenta dificultades con los números, no puede seguir instrucciones, entre otros.

Te propongo que te centres en lo positivo de tu hijo: en sus fortalezas, en sus intereses, ya sea bailar o correr, construir con Legos o dibujar, trepar árboles o memorizar los nombres de jugadores de fútbol. Deja de pensar negativamente sobre la etiqueta que le han asignado a tu hijo (TEA, TDAH, Dislexia) y empezarás a descubrir sus fortalezas, talentos, habilidades e inteligencia.

Si ves lo negativo en tu hijo, él verá lo negativo; si ves lo positivo, él verá lo positivo y lo ayudarás a triunfar.

Las expectativas y el entorno de la escuela convencional transforman las cualidades positivas de tu hijo en algo negativo, percibiéndolas como un déficit o un problema. Tu hijo necesita estar en un entorno donde sus cualidades sean valoradas y no representen un obstáculo. En la escuela, tu hijo se siente como un pez fuera del agua. Si está en su elemento, triunfará.

Poner las cosas en perspectiva es esencial; sin duda, la lectura, la escritura y las matemáticas son importantes en ciertos contextos, pero también existe un valor excepcional si tu hijo tiene talento en la música. Sus habilidades pueden ser fundamentales para componer y tocar la música en una obra de teatro, ballet, ópera, la banda sonora de una película o un videojuego.

Por supuesto, aprender a socializar es crucial, ya que vivimos en sociedad. Sin embargo, si a tu hijo le cuesta relacionarse socialmente, pero muestra habilidades en matemáticas y ordenadores, su talento es sumamente valioso. ¿Sabías que muchas personas que trabajan en Silicon Valley tienen el diagnóstico de TEA? No te centres en lo que no puede hacer.

¿Sabes a quién se le atribuye la creación del imperio de las comunicaciones celulares? Craig McCaw, una persona con dislexia, fue el genio detrás de la invención de la industria del teléfono móvil. ¿Y sabes quién transformó y diseñó numerosos ranchos para animales? Temple Grandin, una mujer con autismo y ferviente defensora del bienestar animal. ¿Conoces a David Neeleman, fundador de la exitosa compañía JetBlue? Pues mira, es una persona con TDAH. Y, ¿te suena Gloria Lenhoff? Prefiero que la descubras por ti misma; búscala en Internet, ¡porque su historia es verdaderamente maravillosa!

El éxito en la vida depende de adaptar el entorno a las necesidades particulares de cada cerebro. Las cualidades de tu hijo pueden pasar de ser una ventaja a convertirse en un déficit según el contexto en el que se encuentre. La escuela convencional está diseñada para un único tipo de cerebro, y todos los demás parecen tener un déficit porque están en el entorno incorrecto. Llévalo a una escuela diferente, o edúcalo en libertad en un entorno distinto, y quedarás asombrada. El aula tradicional es uno de los peores lugares posibles para un niño con un cerebro neurodiverso.

Protege sus virtudes, capacidades extraordinarias e intereses particulares. Su interés tan peculiar le permite alcanzar niveles asombrosos de rendimiento en una determinada área. Un ejemplo inspirador es Stephen Shore, educador cuyos padres recibieron el diagnóstico de Trastorno del Espectro Autista cuando era apenas un infante. Su madre y su padre enfocaron sus esfuerzos en resaltar sus fortalezas y su interés específico; le proporcionaron música, lo ayudaron a montar su colección de conchas marinas, fomentaron su interés por la astronomía y le proporcionaron una abundancia de material de lectura. Hoy en día, tiene un doctorado, dirige una empresa de consultoría educativa y es autor de dos libros. Este es solo un ejemplo que demuestra que, incluso si un niño parece tener un rendimiento bajo, lo que le interesa puede utilizarse como punto de partida.

Puedes educar a partir de cualquier interés, sin importar cuál, e introducir otros temas e ideas para ver hacia dónde guían a tu hijo. Los padres de Justin Canha descubrieron este truco cuando notaron que su hijo, no verbal y poco receptivo (TEA), se quedaba mirando la pantalla de la televisión incluso cuando no había nada. Decidieron dibujar imágenes sencillas sobre cómo jugar al fútbol, seguir reglas básicas de seguridad y acostarse por la noche; luego grabaron estas imágenes estáticas, añadieron voz y las reprodujeron en la pantalla de la televisión. Asombrosamente, empezó a responder. Actualmente, Justin trabaja como artista, exhibiendo y vendiendo sus dibujos en una galería de arte en Nueva York.

Tu hijo puede aportar un valor inmenso dependiendo de sus habilidades y el contexto donde están. El entorno en el que crece y es evaluado es crucial.

Recuerda, tu hijo tiene una mente y talento únicos. Al darle libertad y permitirle desatarse de las restricciones de las normas y del sistema educativo obsoleto, lo empoderarás y permitirás que brille.

Conoce a tu hijo tal como es. En lugar de preocuparte por tus inquietudes más profundas, dedica tu atención a este niño que está justo frente a ti.

No hay dos cerebros iguales; todos somos neurodiversos.

www.specialisternespain.com
www.neuro-class.com

"El objetivo principal de una educación auténtica no es proporcionar hechos, sino orientar a los estudiantes hacia las verdades que les permitirán asumir la responsabilidad de sus vidas."
John Taylor Gatto

¡A trabajar!

A medida que tu adolescente crece y asume más responsabilidades, alrededor de los 15 o 16 años, ayúdala a encontrar su primer empleo para que empiece a ganar su propio dinero mientras sigue sus intereses, pasiones y aspiraciones profesionales. Ayúdala a buscar un trabajo que sea de media jornada, bueno, seguro y que se ajuste a su horario. Trabajar le enseñará responsabilidad, le brindará cierta libertad adicional y le proporcionará tranquilidad, tanto a ella como a ti, al saber que contará con ingresos mientras persigue sus sueños.

Al ganar dinero, tu hija se sentirá más independiente y empoderada. Trabajar le brindará la oportunidad de aprender a gestionar su propio dinero de manera eficiente, avanzando así hacia la autonomía financiera. Adquirirá valiosas lecciones sobre el manejo del dinero, desde cómo ganarlo y gastarlo hasta el arte del ahorro. Valorará aún más el dinero al comprender el esfuerzo y el tiempo que implica obtenerlo.

Trabajar durante la adolescencia contribuye al desarrollo de habilidades esenciales como la gestión del tiempo, la organización, la comunicación y el trabajo en equipo. Además, puede crear un historial laboral que resultará valioso para alcanzar sus metas profesionales futuras. Aunque la mayoría de los empleos requieren habilidades técnicas específicas, varias habilidades personales destacan y distinguen a los candidatos, como la resolución de conflictos, la comunicación efectiva, la capacidad para resolver problemas y las habilidades sociales para tratar con los clientes.

Trabajar ayuda a construir el carácter al enseñarle a tu adolescente responsabilidad y compromiso. También le brinda la oportunidad de aprender a tomar iniciativa, funcionar de manera independiente y cumplir con sus responsabilidades.

Trabajar no solo brinda a tu hija la oportunidad de desarrollar habilidades, sino que también le permite establecer conexiones con gerentes y jefes que podrían convertirse en referencias fundamentales en el futuro. A medida que se sumerge en el mundo laboral, descubre nuevas facetas de sus capacidades, fortaleciendo así su confianza y autonomía. Este renovado sentido de independencia y responsabilidad la impulsa a seguir adelante con confianza.

El primer trabajo de mi hijo fue en una acogedora cafetería local, donde ha ido ascendiendo dentro de la empresa y, poco a poco, incrementando su salario, todo mientras se dedica apasionadamente a su escritura. Gracias a sus ingresos, logró adquirir su primer coche, disfrutar de viajes al extranjero y cubrir sus gastos mientras construye con entusiasmo su carrera como escritor.

El primer empleo de mi hija fue en el supermercado local. Ganó una valiosa experiencia social y, gracias a su salario tan generoso, pudo permitirse comprar varias entradas para conciertos y espectáculos del Cirque du Soleil. Trabaja junto a otros jóvenes, algunos educados en casa y otros que asisten a una escuela pública. Se divierten mucho juntos. Ella lo llama su experiencia de bachillerato.

Con lo que ha ganado, me siento tranquila. Si por alguna razón yo no pudiera comprar el billete de avión para su próxima audición en Europa, ella misma podría hacerlo.

Y mi hijo menor comenzará su primer trabajo como socorrista este verano después de completar su entrenamiento. Está ansioso por invertir sus ganancias.

¡Ah! Y trabajar cuenta como un crédito en el historial académico. Escribe en el expediente académico "Ética Laboral: 1 Crédito".

"Es tan cierto ahora como lo era entonces que, sin importar lo que muestren las pruebas, se aprende muy poco de lo que se enseña en la escuela, se recuerda muy poco de lo que se aprende, y se utiliza muy poco de lo que se recuerda. Las cosas que aprendemos, recordamos y usamos son aquellas que buscamos o encontramos en las partes no-escolares, serias y diarias de nuestras vidas."

John Holt

Expediente académico y título de Bachillerato

En Estados Unidos, las familias que eligen la educación en el hogar tienen la posibilidad de crear el expediente académico y el título de graduado para sus hijos. Esta opción es legal, reconocida y aceptada tanto por las universidades como por futuros trabajos.

La educación autodirigida es muy distinta a la educación que viviste en la escuela y a los estándares convencionales que el sistema educativo nos impone. Has brindado a tu adolescente la valiosa libertad de aprender sobre aquello que le apasiona e interesa, de la manera que más sentido tiene para él. ¿Cómo redactar un expediente académico si tu hijo ha tenido la libertad de autodirigir su aprendizaje en lugar de seguir los estándares de la escuela convencional? Parece un reto, lo sé, pero resulta que es más sencillo de lo que parece.

Esta es tu oportunidad para dejar volar tu creatividad y poner nombre a todo lo que tu hijo ha hecho y aprendido. Para que me entiendas, es al revés de crear un curso. En lugar de diseñar un curso y desarrollar las lecciones, analiza las lecciones que tu hijo ha recibido, agrúpalas y ponles un título, como si fueran un curso. Un expediente o historial académico no es más que un detalle de todos los logros de tu hijo en su recorrido educativo.

Para familiarizarte, navega por internet y busca expedientes académicos de instituto para conocer la terminología y el formato. Observa cómo son, qué palabras utilizan y qué tipo de presentación tienen. Conoce bien los créditos y las asignaturas optativas. Una manera fácil de hacerlo es buscar en los sitios web de colegios privados o escuelas en línea y prestar atención a su oferta académica (clases, cursos y asignaturas optativas).

El expediente académico puede redactarse de distintas formas, dependiendo de los planes que tenga tu hijo para el futuro y de la dirección hacia la que se encamine. Si tu hijo tiene claro que desea ir a la universidad, en este caso, es importante analizar qué conocimientos, materias y asignaturas deben figurar en el expediente para ser aceptado por la universidad. Ahora es el momento de ponerse las pilas y comenzar a obtener créditos de clases o prácticas que le faciliten el camino universitario.

Si tu hijo tiene claro que no va a ir a la universidad, en este caso, redacta un expediente centrado en el futuro laboral que aspira. Por ejemplo, si está interesado en trabajar como coordinador de redes sociales en una empresa, es importante que su expediente académico refleje que ha tomado clases de marketing para empresas, redacción de contenido para plataformas, adaptación de la voz y los valores de la empresa, y ha realizado prácticas. Asimismo, si su plan es trabajar en una guardería canina, sería bueno que en su expediente se vea que ha cursado clases de Psicología Canina, entrenamiento de perros y ha realizado voluntariado en un refugio para perros.

Y si tu hijo es emprendedor, no necesitará un expediente académico ni un título.

Si tu adolescente aún está explorando sus opciones y no tiene un rumbo definido, continúa dándole esa libertad para autodirigir su aprendizaje, porque alrededor de la adolescencia es cuando los estudiantes, liberados de las estructuras escolares y expectativas, toman el control y comienzan a tomar clases u otras rutas de aprendizaje para perseguir sus sueños. Cuando llegue el momento de redactar el expediente académico, si tu hijo no ha hecho o aprendido lo suficiente para completarlo, explícale la situación y juntos buscad una manera para que aprenda, estudie o se apunte a una clase sobre la asignatura que le falte, para que el expediente pueda ser oficial.

Elaborar el expediente académico de tus hijos es similar a redactar tu curriculum vitae. Lo creas tú misma. Muchas familias lo hacen, y las universidades en países donde la educación en casa es legal y regulada lo aceptan. Es fácil, no te preocupes, tú puedes hacerlo, y además, se puede hacer de forma gratuita. Hay plantillas en línea que puedes utilizar. Pero si no te ves capaz y te preocupa esta tarea, ten presente que puedes recurrir a una escuela sombrilla o a un servicio de expedientes académicos como www.hsdla.org.

Elementos Principales del Expediente Académico (Últimos 4 Años de Estudio):

- Nombre del estudiante, fecha de nacimiento, nombre de tu "escuela", dirección, número de teléfono y número de seguridad social (opcional).
- Fecha de graduación.

- Una sección para cada grado o área de asignaturas en la que se completaron cursos de secundaria, con las calificaciones obtenidas en cada curso y los créditos otorgados por cada uno.
- El número total de créditos (acumulativos y, si se organiza por año, para cada año).
- GPA (Grade Point Average y, si se organiza por año, para cada año).
- Escala de calificaciones.
- Tu firma.

Si necesitas ayuda para calcular el GPA, puedes utilizar una calculadora gratuita de GPA en línea. Por lo general, un curso completo de todo un año equivale a un crédito, mientras que un curso que solo dura un semestre equivale a 0,5 créditos. Cada estado tiene diferentes requisitos, pero vas a ver, al navegar por internet, que el patrón es más o menos así:

- 4 créditos de inglés, abarcando literatura y escritura.
- 3-4 créditos de matemáticas, que deben incluir un mínimo de Álgebra I, Álgebra II, Geometría y Trigonometría.
- 2-4 créditos de ciencias sociales, tales como Historia Mundial, Geografía Mundial, Historia de Estados Unidos y Gobierno de Estados Unidos.
- 2-3 créditos de ciencias de laboratorio, como Biología, Química y Física.
- 2+ créditos en el mismo idioma extranjero.
- 6 electivas para el equilibrio (las electivas pueden ser cualquier cosa, incluyendo autoescuela, voluntariado y trabajo).

Para redactar el expediente académico de tu hijo, necesitarás poner toda tu creatividad en marcha. Si nunca has sido una persona creativa, pídele a tu hijo que te ayude a buscar maneras de vincular lo que ha aprendido con los términos tradicionales. Por ejemplo, mi hijo leyó un libro de astrofísica, pero nunca hizo un curso ni pasó un examen de astrofísica. Aun así, aprendió, así que lo incluimos en su expediente como 'Introducción a la Astrofísica'. Mi hija aprendió historia egipcia viendo una serie de documentales muy buenos en YouTube. No asistió a ninguna clase de historia ni estudió con un libro, pero sí aprendió, así que incluimos "Historia egipcia" en su expediente académico.

No todos los aprendizajes de tu hijo van a ser complicados de redactar como un curso. Tu hijo tomará clases con maestros o programas en línea, y estos sí serán más fáciles de escribir en el expediente. Pero si tu hijo se pasa horas en la cocina cocinando porque le gusta, usa tu sabiduría para redactar 'Artes Culinarias' en su expediente.

Investiga cuántos créditos necesita para graduarse. En ocasiones, es necesario seguir las pautas de tu estado o las reglas de admisión de la universidad a la que tu hijo desea asistir. Hablad abiertamente sobre el tema, involúcralo en el proceso de redacción del expediente y dale protagonismo. Tu papel como adulto es guiarlo.

No necesitas que nadie acredite el expediente académico; solo es necesario notarizarlo si la universidad lo solicita específicamente. En otros países, si el estudiante cuenta con un expediente académico de una escuela sombrilla de Estados Unidos, algunas universidades lo aceptan tal cual, mientras que otras solicitan que lo valides y homologues. Al redactar este libro, ningún estado en Estados Unidos exige que un programa de educación en el hogar esté acreditado.

La mayoría de las universidades y escuelas técnicas tampoco lo requieren. No es necesario contar con acreditación, ¡ni siquiera para acceder a una Ivy League! Harvard, de hecho, aclara en su página de información para admisiones que acepta expedientes académicos elaborados por la familia para estudiantes educados en el hogar. Mantente siempre informada, ya que las reglas pueden cambiar. En la actualidad, cada vez más universidades se suman a la tendencia de no requerir resultados de exámenes de admisión como el SAT y el ACT.

La mayoría de las universidades incluye información en sus sitios web sobre el proceso de admisión para estudiantes educados en casa. En ocasiones, el procedimiento es similar al de cualquier otro estudiante, mientras que en otras puede haber un proceso específico a seguir. Es asombroso ver cómo las universidades valoran positivamente a aquellos estudiantes que han cultivado su crecimiento y aprendizaje de una manera única, tomando el control de su propia educación.

La descripción de cada curso o estudio no forma parte del expediente académico. Estas descripciones, ya sea de cursos realizados o explicaciones sobre el método de aprendizaje, son documentos completamente independientes del expediente y, a menudo, ni siquiera te los solicitan. El expediente académico de tu adolescente no es más que un reflejo de lo que hizo durante la educación secundaria para dar evidencia de cuánto se esforzó durante esos cuatro años.

"¿Y el título de bachillerato?"

Un título o diploma certifica la finalización. Es un símbolo que demuestra que tu hijo ha cumplido con los requisitos para graduarse. Algunos trabajos lo piden, sin embargo, este documento no se envía a las universidades. Puedes crearlo utilizando plantillas en línea, por ejemplo, en canvas.com. Es mucho más sencillo de elaborar que el expediente académico.

Recuerda que, si tu hijo tiene planes de ir a la universidad, informarse sobre universidades es la mejor manera de planificar su educación secundaria. Por otro lado, si no tiene intenciones de ir a la universidad, deja que continúe disfrutando aprendiendo libremente y que su expediente académico se forme por sí mismo, el cual quizás ni necesite mostrar a nadie. Mi hijo, por ejemplo, tiene ya veinte años, se ha sumergido en el mundo de la escritura y no ha tenido que enseñar su expediente académico a ninguna editorial.

Otra manera de crear el expediente académico de tu hijo es darle, alrededor de la etapa de estudios secundarios, un modelo en blanco de un expediente académico oficial para que pueda utilizarlo como guía. Así, tu estudiante puede decidir cuándo, cómo y qué aprender. La idea es brindarle más autonomía en su aprendizaje. Siguiendo este modelo, él tiene la flexibilidad de elegir cuándo abordar ciertos temas, cómo hacerlo y qué áreas específicas explorar. Esto fomenta un enfoque más personalizado y adaptado a sus intereses individuales.

Aquí te proporciono sitios web donde tu estudiante puede aprender y tomar cursos:

www.coursera.org
www.edx.org

www.cursosfemxa.es

www.aprendergratis.es

www.grupoaspasia.com/es

www.educarchile.cl

Ejemplos de Expedientes Académicos:

Official High School Transcript

Student: Markos Rios
Year 2021-2024
Academy: Rios Unschooling
1 Main Street, Miami, FL
Instructor: Mia Rios

GRADE 9TH

SUBJECT	GRADE	CREDIT
MATH	B	2
ENGLISH	B	2
HISTORY	A	2
SCIENCE	A	2
ELECTIVE I	A	2
ELECTIVE II	A	2
PHYSICAL EDUCATION	A	2

GPA TOTAL 4.3

GRADE 10TH

SUBJECT	GRADE	CREDIT
MATH	B	2
ENGLISH	B	2
HISTORY	A	2
SCIENCE	A	2
ELECTIVE I	A	2
ELECTIVE II	A	2
PHYSICAL EDUCATION	A	2

GPA TOTAL 4.3

GRADE 11TH

SUBJECT	GRADE	CREDIT
MATH	B	2
ENGLISH	B	2
HISTORY	A	2
SCIENCE	A	2
ELECTIVE I	A	2
ELECTIVE II	A	2
PHYSICAL EDUCATION	A	2

GPA TOTAL 4.3

GRADE 12TH

SUBJECT	GRADE	CREDIT
MATH	B	2
ENGLISH	B	2
HISTORY	A	2
SCIENCE	A	2
ELECTIVE I	A	2
ELECTIVE II	A	2
PHYSICAL EDUCATION	A	2

GPA TOTAL 4.3
GPA 4 YEARS TOTAL 4.1
CREDIT TOTALS:

SIGNATURE AUTHORIZATION

SMITH ACADEMY
OFFICIAL HIGH SCHOOL TRANSCRIPT

STUDENT INFORMATION	SCHOOL INFORMATION
FULL NAME: First Middle Last	**NAME:** Homeschool Name
ADDRESS: 123 Main Street	**ADDRESS:** 123 Main Street
Cityname, St 56879	Cityname, St 56879
PHONE NUMBER: 111-555-1234	**PHONE NUMBER:** 111-555-1234
EMAIL ADDRESS: emailname@email.com	**EMAIL ADDRESS:** homeschoolname@email.com
DATE OF BIRTH: 02/17/93	
PARENT/GUARDIAN: Father and Mother Lastname	

ACADEMIC RECORD

SCHOOL YEAR: 2006-2007   GRADE LEVEL: 9th

Course Title	Credit Earned	Final Grade
English 9	1.0	A
Algebra I	1.0	A
Biology w/lab	1.0	B
Geography	1.0	C
Latin I	1.0	A
Logic	1.0	B
Fine Arts: Piano	0.5	B
Theology	0.5	A

Total Credits: 7.0   **GPA:** 3.36   **Cumulative GPA:** 3.36

SCHOOL YEAR: 2007-2008   GRADE LEVEL: 10th

Course Title	Credit Earned	Final Grade
English 10	1.0	B
Geometry	1.0	B
Chemistry w/lab	1.0	C
World History	1.0	A
Latin II	1.0	B
Rhetoric	1.0	A
Fine Arts: Piano II	0.5	B
Old Testament Survey	0.5	B

Total Credits: 7.0   **GPA:** 3.14   **Cumulative GPA:** 3.25

SCHOOL YEAR: 2008-2009   GRADE LEVEL: 11th

Course Title	Credit Earned	Final Grade
English 11	1.0	A
Algebra II	1.0	A
Physics	1.0	B
US History	1.0	A
Spanish I	1.0	B
Philosophy	1.0	B
Fine Arts: Piano III	0.5	A
New Testament Survey	0.5	A

Total Credits: 7.0   **GPA:** 3.57   **Cumulative GPA:** 3.36

SCHOOL YEAR: 2009 - 2010   GRADE LEVEL: 12th

Course Title	Credit Earned	Final Grade
English 12	1.0	A
Trigonometry/Pre-Calculus	1.0	A
US Government	1.0	A
Economics *	1.0	B
Speech *	1.0	A
Spanish II	1.0	C
Fine Arts: Drawing	0.5	B
Apologetics	0.5	B

Total Credits: 7.0   **GPA:** 3.43   **Cumulative GPA:** 3.38

ACADEMIC SUMMARY	GRADING SCALE	NOTES
Cumulative GPA: 3.38	90 – 100 = A	* Coursework taken at a local community college. Official transcript from college has been requested and will be sent to you shortly. *(add any applicable notes here)*
Credits Earned: 28.0	80 – 89 = B	
Diploma Earned: yes	70 – 79 = C	
	60 – 69 = D	
Graduation Date: 6/30/2010	59 – below = F	

I do hereby self-certify and affirm that this is the official transcript and record of Jane B. Smith in the academic studies of 2006 – 2010.

Signature: _______________________   Title: Principal   Date: June 30, 2010

HIGH SCHOOL TRANSCRIPT
(Grades 9-12)

Graduation Date: 05/30/2013

School of Record
Sample School Name
Sample Parent
1234 Town Road
Anywhere, VA 22345
123-456-7890
info@fasttranscripts.com

Student Information
Sample Student
Gender: M
Date of Birth: 12/08/1995
1234 Town Road
Anywhere, VA 22345
123-456-7890
info@fasttranscripts.com

Course Study - Grade 9	Grade	Credits
Lit / Composition	A	1
Algebra 1	A	1
Physical Science	B	1
Geography	B	1
Spanish 1	C	1
Physical Ed	PASS	.5
Health	B	.5
Instrumental Music	A	.5
GPA = 3.25		6.5

Course Study - Grade 10	Grade	Credits
World Literature	A	1
Geometry	B	1
Biology / Lab	B	1
World History	A	1
Spanish 2	B	1
Physical Ed	PASS	.5
Choir	A	.5
GPA = 3.45		6

Course Study - Grade 11	Grade	Credits
American Literature	A	1
Algebra 2	A	1
United States History	A	1
Chemistry / Lab	B	1
Spanish 101*	B	1
Computer Applications	A	.5
Logic	B	1
GPA = 3.54		6.5

Course Study - Grade 12	Grade	Credits
AP: English Language	B	1
Pre-Calculus	B	1
Physics	A	1
United States Government	A	.5
Economics	A	.5
Debate	B	1
Financial Management	A	1
GPA = 3.67		6

Summary By Grade

Grade	9th	10th	11th	12th
Cum. GPA	3.25	3.35	3.42	3.48
Credits Earned	6.5	6	6.5	6

Cumulative Summary (9th - 12th)

Total Credits	GPA Credits	GPA Points	GPA
25.00	24.00	83.50	3.48

Grading Scale

90 - 100	80 - 89	70 - 79	60 - 69	0 - 59
A	B	C	D	F

Commentary
*ACE Community College

Authorized Signature   Date: 01/27/2014

"Necesitamos sacar a los niños de los edificios escolares, darles la oportunidad de aprender sobre el mundo de
primera mano. Es una idea muy reciente y absurda que la
forma de enseñar a nuestros jóvenes sobre el mundo en el
que viven es sacarlos de él y encerrarlos en cajas de
ladrillos."
John Holt

"La escuela es una condena de doce años donde los
malos hábitos son el único plan de estudios realmente
aprendido. Enseño en la escuela y gano premios haciéndolo. Sé de lo que hablo."
John Taylor Gatto

Cómo convencer a tu pareja:

En algunas familias, es todo un reto ofrecer a los hijos una educación asombrosa, ya que a veces uno de los padres no logra persuadir al otro para seguir ese camino educativo. Recibo numerosos mensajes de mujeres que buscan ayuda para convencer a sus esposos, aunque no siempre es la madre quien busca esa libertad educativa, y el padre se opone. Tengo a una amiga cuyo esposo fue quien la convenció de educar a sus hijos sin escuela.

Muchas parejas se resisten firmemente a considerar formas alternativas de educación, simplemente porque desconocen información sobre este estilo de vida. La falta de conocimiento lleva al temor, malentendidos y rechazo inmediato. Por lo tanto, tu tarea es recopilar información para demostrar que la educación autodirigida es el camino adecuado para tu hija. Sin embargo, es justo que tu pareja también haga lo mismo para convencerte a ti, ya que enviar a tu hija a la escuela no debería ser la opción automática. Propón recopilar información que demuestre que la escuela es el mejor método educativo.

Explícale que los métodos educativos alternativos son una opción legítima, no inferior. Hazle entender que elegir educar sin recurrir a la escuela convencional no implica que tu hija sea menos inteligente, ni que tú y tu familia seáis extraños o rebeldes. Más bien, significa que queréis lo mejor para vuestra hija, y la educación uniforme no es la elección más adecuada.

¿De qué tiene miedo tu pareja? Pídele que te explique punto por punto cada duda y temor. Poco a poco, podrás desmitificar sus preocupaciones proporcionándole la información correcta. Puedes utilizar numerosos recursos, como libros (¡oh, madre mía, cuántos libros!), artículos, revistas, vídeos e influencers en redes sociales, para ayudar a tu pareja a comprender que dar autonomía en el aprendizaje es la mejor elección.

Llénate de información sobre la pedagogía libre, educación autodirigida y aprendizaje natural, ya sea en el hogar o en una escuela democrática, consciente y libre. Trata de ponerte en su lugar. Le preocupa la educación de su hija y quiere asegurarse de que sea de alta calidad. No lo agobies; poco a poco, con calma y, sobre todo, con constancia. Si percibe que comprendes sus inquietudes y estás dispuesta a abordarlas adecuadamente, es mucho más probable que se relaje y dé su aprobación. Muéstrale ejemplos de otras familias que educaron a sus hijos sin escuela para que vea que este tipo de educación es asombrosa. Pruébalo durante un tiempo prolongado para que aprecie los resultados. Una vez que las personas observan el aprendizaje natural en acción, se convencen.

Tu pareja puede pensar que la educación sin escuela no es lo suficientemente convencional y teme que eso perjudique el futuro de tu hija. Hay muchos mitos y suposiciones equivocadas sobre la educación autodirigida que debes aclarar:

Puede pensar que la educación libre no es en realidad educación. Varias personas creen que educar de forma libre es una forma de negligencia o falta de educación. No obstante, la pedagogía libre es un enfoque válido y valioso para la educación que prioriza el aprendizaje dirigido por el niño y experiencias educativas personalizadas.

Una de las preocupaciones de tu pareja es que tu hija no pueda hacer amigos. Asume que os vais a encerrar en casa y que tu hija no tendrá vida social. Aunque la educación autodirigida es un enfoque individualizado, no promueve el aislamiento. De hecho, muchas familias que eligen la educación en libertad participan en cooperativas educativas, encuentros de grupos de familias y actividades en la comunidad para brindar amplias oportunidades para que sus hijos socialicen. Algunos padres temen que el hecho de no asistir a la escuela aísle a sus hijos, olvidando que los niños pueden hacer amigos después del horario escolar, durante las vacaciones, en la biblioteca, en el parque, en clases extracurriculares, en la iglesia o en un centro comunitario. En todas partes.

Otra preocupación que tu pareja podría tener es que no tienes los conocimientos suficientes para enseñar física, matemáticas o ciencias. Se piensa que serás la maestra de todas las asignaturas. Explícale que tu hija no tiene que aprender todas las materias de ti. Hay muchas oportunidades para aprender de otras personas, libros, cursos y videos que pueden enseñarle. Los niños educados en casa no tienen que aprenderlo todo solo de mamá y papá. Hay familias que, con muy pocos estudios, están acompañando y facilitando la educación de sus hijos en casa, y lo están haciendo maravillosamente.

También puede tener miedo de demasiada libertad y falta de estructura, pero eso no es del todo cierto. Aunque pueda haber menos estructura que en la educación convencional, la pedagogía libre implica experiencias de aprendizaje intencionales y orientación por parte de los padres u otros mentores. No es un enfoque completamente desregulado de la educación, sino más bien un enfoque flexible y personalizado que permite la exploración y la curiosidad.

Y luego está la preocupación común de que una educación que no sigue el método convencional marcado por la sociedad o el gobierno pueda dañar o complicar el futuro y las oportunidades de tu hija, como asistir a la universidad o encontrar un trabajo. Muchos niños que han sido educados sin escuela han estudiado en la universidad, han abierto negocios o han triunfado en diversas carreras. La experiencia de un aprendizaje personalizado, cuando un niño lidera su propio proceso educativo, le proporciona las habilidades necesarias para tener éxito en una variedad de campos.

Tranquiliza a tu pareja asegurándole que no estás optando por la educación libre para ser perezosa, ni tampoco descuidarás la educación de tu hija. La enseñanza libre es una forma de crianza que nutre el deseo natural de los niños de jugar, explorar y socializar. Respetar la autonomía del niño, cuidar su autoimagen y respaldar sus intereses e ideas implica un esfuerzo constante.

Aquí te comparto dos documentales inspiradores para ver con tu pareja:

> https://educacionprohibida.com
>
> Un crimen llamado educación - de Jürgen Klaric en YouTube

Y aquí te dejo algunas charlas inspiradoras de TED Talks para motivar a tu pareja:

Crecer sin escuela | Sophie Defauw

La escuela no es necesaria para sobrevivir | Gabriela Bernardis

El fin de la educación en manada | Mariela Perez

Mis hijos no van a la escuela | Diana Rubalcava

La Aventura de Educar Sin Escuela | Ana María Gonzalez

Los que no encajan en la escuela | Paloma Rieznik

Mi encuentro con la educación libre | María José Vaiana | TEDxRosario

Buen estudiante, mal estudiante | Jessica Fernández

¿Aprobar o aprender? | Lucas Gortazar

Los videojuegos enseñan mejor que la escuela: GONZALO FRASCA

Zombies en la escuela | Juli Garbulsky

Jóvenes con acceso al conocimiento pero sin el poder | Manuel Fernández Burda

Imaginar y crear nuevas formas de aprendizaje | Leonel Virosta

Diseñar escuelas de donde los niños no quieran irse | Rosan Bosch

TED Talks en inglés:

Schools Kill Creativity: What Can We Do About It? by Prince Ea.

The Future of Learning by Sugata Mitra.

How to Develop Your Creative Confidence by David Kelley.

How School Makes Kids Less Intelligent" by Eddy Zhong.

Homeschooling for my son by Shantanu Gupta.

Unschooling by Alice Khimasia.

School is Optional by Ken Danford.

Learning Through Unschooling by Callie Vandewiele.

The Surprising Truth About Learning in Schools by Will Richardson.

Self-Learning by Ryan Lee.

"Vivir es aprender, y cuando los niños viven plenamente,
con energía y felicidad, están aprendiendo mucho, incluso
si no siempre sabemos qué es."
John Holt

Un estado o un país con normas estrictas

En Estados Unidos y varios países, educar sin escuela es legal, siempre y cuando los niños estén recibiendo educación de alguna u otra manera. Algunos países requieren evaluaciones anuales para proteger los derechos de aprendizaje del niño. En ciertos estados estadounidenses, ofrecen diversas opciones para evaluar a tu hijo, mientras que en otros no es necesario informar sobre el plan educativo o el progreso del niño. Asegúrate de conocer las regulaciones de tu estado y país.

Cuando acompañas a tu hijo en su educación autodirigida, y su aprendizaje cobra un significado profundo, no hace falta evaluarlo para estar seguro de que está aprendiendo. Lamentablemente, algunos funcionarios escolares no comprenden que la mejor persona para evaluar el progreso de un estudiante es el propio estudiante. Los verdaderos aprendices, los estudiantes libres, saben cuándo comprenden una materia o una habilidad y cuándo no. Muchas familias eligen no evaluar a sus hijos con exámenes estandarizados porque el objetivo principal de educar de manera diferente a la escuela es que nuestros hijos no sigan un patrón estándar de educación. En cambio, estas familias redactan una carta explicando el progreso de su hijo en todas las materias requeridas. En muchos estados, se permite redactar un informe y mostrar un portafolio en lugar de realizar exámenes.

Sabes, o has descubierto al leer este libro, que permitir que los niños aprendan y exploren a su manera es esencial. Sin embargo, en algunos estados y países, existen muchas reglas para las familias que educan sin asistir a la escuela, lo que complica brindarles total libertad a los niños. Aunque tienes el derecho de elegir cómo educar a tu hijo, en algunos estados y países es necesario proporcionar evidencia de que estás brindándole educación y no lo estás descuidando. Si te encuentras en un lugar con leyes estrictas y difíciles de cumplir, aún dispones de opciones para educar a tu hijo de acuerdo con su propio ritmo e intereses.

Algunas familias optan por inscribir a sus hijos en una escuela democrática, donde los alumnos pueden jugar durante todo el día mientras aprenden sobre lo que más les interesa. Estos espacios son asombrosos para que los niños crezcan y se desarrollen. En este entorno educativo, todas las niñas, niños y jóvenes están presentes por elección propia, cada persona puede emplear su tiempo como prefiera, sin importar la edad, todas las actividades son de elección libre, no hay un currículum predefinido, no existen cursos ni calificaciones, las madres y padres son bienvenidos y no hay clases obligatorias, salvo las solicitadas por los aprendices. En España tienen la gran fortuna de contar con Ojo De Agua (www.ojodeagua.es) y en Costa Rica tienen Casa Sulá (www.ecovillaschool.com).

Otras familias prefieren contar con el respaldo que ofrecen las escuelas sombrilla. La inscripción en una escuela sombrilla suele cumplir con la ley de asistencia obligatoria del estado o país, lo que significa que la familia no tiene que presentar un formulario de educación en casa ante el departamento de educación. Estas familias eligen interactuar con una escuela sombrilla en lugar de hacerlo con trabajadores sociales o distritos escolares. Estas escuelas no están destinadas a proporcionar instrucción, sino a brindar cobertura legal para la educación en el hogar. Ayudan con la documentación y el registro, y tanto tu hijo como tú podéis elegir cómo y qué aprender. En otras palabras, el gobierno considera que tu hijo está inscrito en una escuela privada, pero esta escuela privada no tiene la responsabilidad de educar a tu hijo; eres tú quien asume esa responsabilidad. Hasta ahora siempre se han utilizado las sombrillas de EEUU, pero ahora cuentas con mi amiga Ana de España, que ha fundado Hannah IS, www.hannahinternationalschool.com.

Hay familias que eligen seguir un currículo educativo diseñado para la educación en el hogar, pero optan por uno sencillo y humilde, ya sea gratuito o muy económico, para cumplir con las regulaciones. No lo siguen estrictamente, sino que son flexibles con la estructura del currículo, utilizándolo como guía y respetando completamente el ritmo del niño. Si necesitas un programa para educar en casa que brinda mucha libertad, te recomiendo el programa avalado por la SEP de mi amiga Valeria de México llamado Home is Cool, www.homeiscool.mx.

Y hay familias que consiguen cumplir con los requisitos de la ley de educación en el hogar de su estado o país mientras ayudan a sus hijos a disfrutar del aprendizaje libre, prescindiendo de una escuela en línea, una sombrilla o un currículo de educación en el hogar comprado, simplemente siguiendo sus intereses. ¡Y tú también puedes hacerlo!

Si decides educar a tu hijo sin escuela, es tu responsabilidad evaluar su progreso y explicar el crecimiento y desarrollo a los funcionarios escolares o trabajadores sociales, quienes quizás no comprendan la pedagogía libre.

¿Cómo evaluar y elaborar un boletín de calificaciones?

Especifica en tu plan de estudio e informe que evaluarás a tu estudiante mediante la observación. Puedes crear tu propio boletín de calificaciones o utilizar uno ya existente que encuentres en Internet, por ejemplo, en www.canva.com. Dado que siempre estás observando a tu hijo, cuando veas que logra una habilidad o alcanza un hito, escribe "competente" en el boletín de calificaciones. Si tu hijo aún no muestra señales de cierta habilidad, puedes utilizar términos como "no está preparado", "en desarrollo" u otros que prefieras, como "aceptable", "insatisfactorio", "esfuerzo satisfactorio", "consistente", o "sin interés". También puedes describir su progreso con porcentajes. La observación es una excelente manera de evaluar sus capacidades.

Para tener más información sobre el progreso de tu hijo, habla con él y juntos descubrid lo que ha aprendido, clasificándolo en materias académicas y tratando de alinearlo con los requisitos de tu estado o país. (Lo sé, perdona, has hecho un gran esfuerzo para liberar tu mente de las estructuras escolares y ahora te toca pensar nuevamente en esa dirección.) No olvides destacar en el informe que la pedagogía libre, el enfoque guiado por intereses, la curiosidad natural, la motivación intrínseca o el aprendizaje autodirigido son parte de tu filosofía educativa.

La educación autodirigida es un proceso muy único que permite a los niños elegir qué, cuándo, cómo, por qué y de quién quieren aprender. Requiere su tiempo, pero al mismo tiempo, impulsa los logros personales. Por lo tanto, si crear un boletín de notas no encaja bien con el aprendizaje libre de tu hijo, puedes optar por un método de evaluación diferente para capturar el alcance y la secuencia de su aprendizaje autodirigido.

Los informes de seguimiento académico también pueden ser narraciones sobre el aprendizaje de tu hijo durante un período, ya sea un trimestre, medio año o año. No es necesario enumerar cada logro, pero sí proporcionar uno o dos ejemplos para cada materia que describan el progreso de tu hijo. Algunas familias envían una redacción a los funcionarios escolares dos veces al año, detallando extensamente las experiencias educativas de sus hijos durante los últimos seis meses.

Si optas por esta opción, sé sincera y clara en tu informe, incluso si el progreso de tu hijo difiere de las normas y estándares escolares, como suele suceder con la lectura y las matemáticas. Explica que estas diferencias son el resultado de una elección consciente. Adoptar un enfoque proactivo te ayudará a construir una relación positiva con las autoridades educativas. Al presentar la falta de ciertas habilidades como una decisión dentro de tu método educativo, es más probable que los funcionarios escolares lo vean como una filosofía alternativa, y no como negligencia.

Refleja en el informe que comprendes los desafíos de tu hijo y reconoces su importancia. Al explicar tu perspectiva, evitas percepciones de negligencia y ofreces explicaciones claras basadas en tus creencias educativas. Destaca que las habilidades retrasadas son parte integral de tu enfoque, respaldado por estudios y fuentes creíbles, para que comprendan mejor tu método.

En algunos estados, las familias que optan por educar fuera del sistema educativo deben presentar anualmente un Plan de

Instrucción Individualizada en el Hogar (PIIH). Al comienzo del año, estas familias deben informar sobre lo que enseñarán y luego presentar lo que sus hijos han aprendido al final del mismo. Si te encuentras en un estado con regulaciones sumamente estrictas, no te desanimes; aún puedes seguir la pedagogía libre y cumplir con las reglas.

El PIIH no es más que un formulario donde proporcionas el nombre, la edad y el grado de tu hijo, junto con una lista de tus planes de estudio, currículos educativos o programas, materiales, libros de texto o plan de instrucción. También se incluyen las fechas para la presentación de informes trimestrales y el nombre de la persona encargada de la instrucción. No temas las palabras 'currículos educativos o programas'; estos pueden ser desde un museo o una clase extracurricular hasta una serie de libros de la biblioteca o una suscripción a una revista de ciencias, historia o política.

Planificar y plasmar en un documento una educación asombrosa, en la cual los niños lideran su propio aprendizaje, no es sencillo, especialmente al empezar a educar a tu hijo. Un PIIH es bastante detallado. ¿Cómo anticipar lo que aprenderá tu hijo? Aquí te comparto lo que muchas familias hacen para informar a las autoridades sobre sus planes educativos anuales, incluso cuando aún no tienen un plan definido debido a que desconocen por completo los intereses que guiarán el aprendizaje de sus hijos.

Un año antes (o medio año) de que tengas que enviar los informes obligatorios, apunta todas las actividades que realices con tu hijo e intenta clasificarlas según las asignaturas escolares. Haz una lista de todo lo que hagas: viajes, salidas, proyectos, experiencias, libros leídos, conversaciones, películas, programas, ¡lo que sea! Comienza escribiendo acerca de lo que tu hijo está aprendiendo, haciendo, explorando o jugando cada semana, y trata de organizarlo en categorías que se alineen aproximadamente con las asignaturas requeridas. ¡Al final del año, tendrás un informe!

Ahora, utiliza este informe y modifícalo levemente para convertirlo en tu PIIH. Incluye cualquier idea que tengas en mente para actividades que desees para tu hijo, aunque no estén relacionadas con sus intereses específicos. Registra también los eventos que ofrece tu ciudad y aquellos disponibles en tu biblioteca o museos locales. En tu plan, especifica que estás proporcionando un esquema de posibles cursos de estudio o actividades para tu estudiante, pero que estos están sujetos a cambios. Asegúrate de mencionar que presentarás informes trimestrales o semestrales detallados que reflejen los logros alcanzados. Siempre y cuando ofrezcas información y algunos detalles, todo irá bien. Incluso si tus planes cambian, podrás explicarlo en tus informes de progreso trimestrales o semestrales.

Los informes trimestrales siguen el mismo formato que tu PIIH, pero ahora detallas todo lo que ha hecho tu hijo. Haz una lista o toma fotos de las cosas que hace, anotando diaria o semanalmente. Las conversaciones que tienes con él también cuentan y son dignas de anotar, ya que son tan importantes y valiosas como cualquier clase o excursión. Todo, absolutamente todo, cuenta en los informes, porque todo es educativo. Es probable que te encuentres con demasiada información en lugar de insuficiente. Los informes trimestrales no deben exceder más de dos páginas, ya que los destinatarios prefieren echar un vistazo para asegurarse de que el niño está recibiendo educación y poder marcar sus casillas.

Con el tiempo, redactar estos informes se volverá más sencillo. Algunas familias gestionan una cuenta privada de Instagram para documentar el aprendizaje de sus hijos y comparten el acceso con el profesional encargado de revisar el progreso del estudio en el hogar cuando llega el momento del informe anual. Otras permiten que sus hijos redacten sus propios informes, ya que son quienes mejor conocen lo que aprendieron y hacia dónde desean dirigirse. Además, esto te brinda la oportunidad de apreciar sus habilidades de redacción.

Si necesitas ayuda para describir las actividades de tu hijo en el informe, puedes utilizar esta página web (en inglés)

www.learningcorner.co, donde introduces la actividad que tu hijo ha realizado, y el sistema de inteligencia artificial te explicará cómo ha aprendido conceptos específicos en cualquier asignatura. Además, aquí tienes algunas sugerencias para que te hagas una idea:

Leer el periódico o noticias en línea = Ciencias Sociales, Lengua y Literatura, Educación Cívica, Educación Social

Jugar al Monopolio = Matemáticas

Genealogía = Historia, Artes del Lenguaje

Cocinar = Matemáticas, Ciencias

Cualquier arte marcial, deporte, escalada en roca = Educación Física

Hablar con el abuelo sobre su vida = Historia, comunicación lingüística

Fotografía = Ciencias, Arte

Ajedrez = Pensamiento Crítico

Trepar árboles = Educación Física, Ciencias

Visitar museos = Historia, Ciencias y Bellas Artes

Reparación de electrodomésticos = Ciencias

Mirar Catálogos = Matemáticas y Lectura

Leer Ficción = Literatura Contemporánea

Leer No ficción = Ciencias, Historia, Artes del Lenguaje

Jugar a ser un restaurante y escribir el menú ficticio = Escritura, Artes del Lenguaje

Leer la información en cada hábitat en el zoológico = Lectura, Artes del Lenguaje, Ciencias

Jugar con el ordenador = competencia digital

Vivir el día a día = competencia ciudadana

Jugar = Competencia personal, social y de aprender a aprender

Si necesitas familiarizarte con la terminología educativa o buscas orientación para utilizar palabras relacionadas con la educación, puedes aprender fácilmente utilizando libros de texto de editoriales como Santillana o Edebé del grado de tu hijo. También puedes visitar sitios web como https://educagob.educacionyfp.gob.es o https://aprendeencasa.sep.gob.mx para entender cómo clasificar las cosas que tu hijo ya sabe o está aprendiendo actualmente.

Matemáticas:

- Aprender a decir el día y la hora
- Contar, apilar o alinear objetos
- Utilizar tazas y cucharas medidoras al cocinar
- Medir usando una cinta métrica
- Jugar ajedrez, juegos de cartas u otros juegos de estrategia
- Usar el calendario

Geometría, Arte, Arquitectura e Ingeniería:

- Jugar con bloques, LEGO y otros juguetes de construcción

Química:

- Cocinar y realizar otros experimentos divertidos

Ciencias Prácticas:

- Formular hipótesis y ponerlas a prueba
- Tomar notas de laboratorio de experimentos

Artes del Lenguaje:

- Leer, escribir o que te lean historias, y crear cuentos
- Ver películas u obras de teatro basadas en libros

Estudios de Cine:

- Ver películas con guiones originales

Ciencias de la Computación:

- Crear un sitio web, diseñar una aplicación, programar un robot o construir una computadora
- Ayudar a otros con tecnología, como enseñar a familiares a usar nuevas aplicaciones

Economía, Marketing y Matemáticas Empresariales:

- Iniciar un negocio o vender productos

Artes Prácticas:

- Hornear, cocinar o reparar objetos en casa
- Decorar cupcakes, diseñar habitaciones, coser disfraces, diseñar y construir muebles u otros objetos

Estudio de la Naturaleza:

- Caminar por parques o recoger especímenes, identificar árboles, plantas o renacuajos

Biología:

- Recoger renacuajos u observar otros organismos vivos

Astronomía:

- Observar cometas, estrellas fugaces u otros objetos celestes

Física:

- Jugar con camiones de juguete o visitar sitios de construcción
- Construir montañas rusas para canicas o rampas para autos o monopatines

Excursiones:

- Visitar atracciones turísticas, panaderías, estaciones de bomberos, estudios de televisión, granjas o fábricas

Historia del Arte:

- Recorrer museos de arte o galerías

Planificación Urbana y Geografía:

- Pasear por la ciudad y observar esculturas al aire libre, murales, monumentos, obras maestras arquitectónicas

Ciencias Sociales

- Leer revistas y libros de cultura, sociedad, política y economía.
- Discutir noticias
- Acompañar a los padres a votar

Educación Física:

- Bailar, caminar, nadar, andar en bicicleta o correr por el césped

Cuando tu hijo crezca, redactar un plan educativo y un informe sobre su progreso será mucho más sencillo. Estará tan enfocado en su plan que lo llevará a cabo pase lo que pase. Aprender viviendo la vida y persiguiendo sus intereses y pasiones, sin atenerse a un currículo educativo convencional y estándar, prepara a los adolescentes para la universidad y más allá.

Si tu hijo se acerca a la etapa de la educación secundaria y aún no ha abordado una de las asignaturas requeridas por tu estado, explícale que el estado exige aprender esa materia. Si esta materia obligatoria no despierta el interés de tu hijo y la vida aún no le ha presentado esa lección, buscad ideas y maneras para adquirir ese conocimiento en particular. ¿Quizás a través de una serie de videos en YouTube? ¿Escuchando podcasts? ¿Leyendo un libro específico? ¿Participando en una clase? Reflexionad juntos sobre las opciones que mejor se adapten a sus preferencias. Conversad sobre sus metas, gustos, habilidades y desafíos, y luego trabajad en conjunto para establecer un plan.

Luego están las familias que prefieren evaluar a sus hijos, o simplemente no les queda más remedio que recurrir a esta opción, como es el caso de Chile. Las mamás chilenas me cuentan que la opción de presentar un informe explicando el progreso de sus hijos no existe, y la única opción para los estudiantes que aprenden libremente es presentarse a los exámenes libres.

En Estados Unidos, cada estado cuenta con un Departamento de Educación que tiene una página de información sobre la educación en el hogar, donde encontrarás una lista de pruebas aceptadas para realizar. Estas pruebas se pueden solicitar en línea a través de varias compañías y administrarse en casa en condiciones de tranquilidad.

Si en tu país la única opción para evaluar a tu hijo es a través de exámenes, ten en cuenta que hay ayuda disponible. Existen profesionales especializados en asistir a estudiantes que necesitan prepararse para el examen. Por ejemplo, México cuenta con Prepa en Línea-SEP (https://prepaenlinea.sep.gob.mx), un servicio educativo innovador y gratuito que permite estudiar el bachillerato desde cualquier lugar, con validez oficial en todo el país. En España, puedes encontrar apoyo en www.educaciongratuita.es, que ayuda a preparar las Pruebas de Evaluación del Bachillerato para Acceso a la Universidad y proporciona toda la información sobre la educación en el país. Además, en Chile, www.alumnolibre.cl es una plataforma digital diseñada para respaldar a los alumnos que rinden exámenes libres. Si tu país requiere pasar un examen, seguramente existe una empresa o programa dedicado a ayudar a tu estudiante a prepararse para este desafío.

Si necesitas más ayuda, puedes contratar a un coach o asesor de educación en casa para que te guíe. Estos profesionales, que colaboran con familias que educan por libre, se encuentran en las redes sociales, blogs y sitios web. Sin embargo, lo que realmente ayuda es aprender de familias experimentadas que llevan años educando por libre y se han convertido en expertas en presentar planes y evaluaciones anuales sin problemas. Únete a un grupo de familias o a una cooperativa de educación en casa y descubre quiénes practican el aprendizaje libre y autodirigido por el niño (unschoolers). Ellos compartirán contigo todos los trucos para esquivar ciertos requisitos.

Recuerda, si deseas brindarle a tu hijo una educación asombrosa pero te preocupa la rigidez de los requisitos gubernamentales, considera la opción de una escuela sombrilla. Muchas familias encuentran tranquilidad y orientación adicional al elegir este enfoque. Las escuelas sombrilla no solo cumplen con los requisitos educativos estatales o del país, sino que también ofrecen asistencia, proporcionan los materiales necesarios, servicios de evaluación, historial educativo, registros de asistencia y otra documentación útil. Aquí te presento algunas opciones:

www.westriveracademy.com/es
www.steamlab.academy
www.homelifeacademy.com
www.royalhollow.com
www.paxacademy.org
www.hannahinternationalschool.com

Y, por supuesto, si deseas brindar una educación asombrosa a tu hijo pero no puedes o no quieres educarlo en casa, puedes inscribirlo en una escuela democrática, en un centro de aprendizaje autodirigido, una escuela consciente o una escuela libre. Aquí encontrarás una lista de centros libres: www.educationrevolution.org

Exigir a los niños que demuestren continuamente su aprendizaje está perjudicando la educación. El hecho de empollar, memorizar y estudiar para un examen no es equivalente a aprender de verdad.

Un aprendizaje auténtico implica una comprensión más profunda y retención del conocimiento, en lugar de simplemente memorizar para un examen. Sin embargo, en el caso de que tu hijo tenga que presentarse a un examen (ya sea para acceder a la universidad, obtener una certificación, aprobar el carnet de conducir, entre otros), un estudiante libre y autodirigido estudiará y aprobará sin que su motivación para el aprendizaje se vea perjudicada.

Si te sientes un poco perdida al comenzar a redactar un Plan Educativo y el Informe del Progreso Anual, no te preocupes. Puedes contar con la ayuda de ChatGPT (www.chat.openai.com). Solo necesitas darle instrucciones específicas a esta inteligencia artificial, y obtendrás un ejemplo o plantilla que te facilitará la tarea. Por ejemplo, dile: Adopta el rol de educador y escribe un plan educativo anual para un niño de 9 años. Y ChatGPT te proporcionará la orien-tación que necesitas para crear estos documentos de manera clara y efectiva.

Plan Educativo Anual para un Niño de 9 Años

Objetivo General:
Desarrollar integralmente las habilidades cognitivas, sociales y emocionales del niño, promoviendo un ambiente de aprendizaje estimulante y participativo.

Áreas de Desarrollo:

Desarrollo Académico:

Mejorar la lectura comprensiva a través de la práctica diaria y la diversificación de géneros literarios.

Reforzar las habilidades matemáticas, abordando conceptos como la multiplicación y división, resolución de problemas y aplicación práctica.

Fomentar la curiosidad y el interés por las ciencias mediante experimentos simples y actividades prácticas.

Desarrollo Social y Emocional:

Promover la empatía y las habilidades sociales a través de actividades grupales, juegos cooperativos y la resolución pacífica de conflictos.

Estimular la autoexpresión y la autoconciencia a través de actividades artísticas y reflexivas.

Fomentar el respeto hacia la diversidad cultural y la tolerancia.

Desarrollo Físico:

Incentivar la participación en actividades deportivas y juegos al aire libre para mejorar la coordinación motora y la salud física.

Integrar rutinas de ejercicios cortos durante el día para mantener la concentración y promover un estilo de vida activo.

Desarrollo Ético y Moral:

Enseñar valores fundamentales como la honestidad, la responsabilidad y el respeto a través de historias, discusiones y ejemplos prácticos.

Fomentar el sentido de la responsabilidad ambiental

mediante actividades de concienciación sobre el cuidado del medio ambiente.

Metodología:

Utilizar un enfoque lúdico y participativo para mantener la atención del niño.

Integrar tecnologías educativas de manera moderada y enriquecedora.

Implementar evaluaciones formativas para adaptar el aprendizaje a las necesidades individuales del niño.

Actividades Mensuales:

Septiembre - Noviembre:

Iniciar con el fortalecimiento de las habilidades básicas de lectura y escritura.

Explorar conceptos matemáticos a través de juegos interactivos.

Introducir actividades grupales para fomentar la colaboración.

Diciembre - Febrero:

Enfocarse en proyectos creativos, como la creación de cuentos y la elaboración de experimentos científicos simples.

Celebrar la diversidad cultural a través de proyectos relacionados con festividades globales.

Marzo - Mayo:

Profundizar en conceptos matemáticos avanzados y fortalecer la resolución de problemas.

Promover la participación en actividades deportivas y al aire libre.

Junio - Agosto:

Reflexionar sobre el progreso académico y personal.

Preparar una presentación creativa para compartir logros y aprendizajes con la comunidad educativa y los padres.

Evaluación:

Evaluar el progreso mediante observación continua, revisiones de tareas y participación activa en actividades.

Mantener una comunicación abierta con los padres para compartir avances y áreas de mejora.

Dale instrucciones e información específica sobre lo que tu hijo ha aprendido. **Por ejemplo:** Adopta el rol de educador y escribe un informe para reportar el progreso anual de un estudiante. El estudiante tiene 11 años, ha leído muchos libros, ha participado en varias clases de dibujo, robótica e inglés. Ha aprendido matemáticas jugando a su video juego preferido y comprando en el supermercado. Ha aprendido ciencias con videos de experimentos y los ha hecho en casa.

Informe de Progreso Anual - Estudiante de 11 años

Información Personal:

Nombre del Estudiante: [Nombre del Estudiante]
Edad: 11 años
Nivel Educativo: [Grado Escolar]

Desarrollo Académico:

El estudiante ha demostrado un notable progreso académico a lo largo del año en diversas áreas. Su habilidad para la lectura ha mejorado significativamente, habiendo leído una amplia variedad de libros de diferentes géneros. La diversidad en la elección de lecturas sugiere un interés activo en el aprendizaje y un desarrollo sólido de las habilidades de comprensión.

Además, su participación en clases de dibujo, robótica e inglés ha enriquecido su experiencia educativa. Estas actividades extracurriculares han contribuido no solo al desarrollo de habilidades específicas, sino también al fomento de la creatividad, la resolución de problemas y el trabajo en equipo.

Matemáticas:

Es destacable cómo el estudiante ha integrado las matemáticas en su vida cotidiana de manera creativa, utilizando su videojuego preferido y las compras en el supermercado como herramientas de aprendizaje. Esta aplicación práctica de conceptos matemáticos refleja un enfoque innovador y una comprensión profunda de las aplicaciones del mundo real.

Ciencias:

La exploración de la ciencia a través de videos de experimentos y la replicación de estos en casa ha demostrado un interés genuino en el método científico y la curiosidad por comprender el mundo que lo rodea. Este enfoque autodidacta hacia las ciencias es alentador y muestra una iniciativa positiva hacia el aprendizaje independiente.

Comunicación y Colaboración:

El estudiante ha demostrado habilidades sólidas en comunicación y colaboración, especialmente evidentes en su participación en clases extracurriculares y actividades grupales. Su disposición para compartir conocimientos y trabajar en equipo es una habilidad valiosa que contribuye al ambiente educativo positivo.

Áreas de Mejora y Sugerencias:

A pesar del progreso positivo, se sugiere continuar fomentando el equilibrio entre las diferentes áreas académicas para garantizar un desarrollo integral. Además, se recomienda seguir explorando nuevos temas y desafíos para mantener el entusiasmo por el aprendizaje.

Recomendaciones para el Próximo Año:

Considerar la participación en actividades extracurriculares que fomenten el desarrollo de habilidades de liderazgo y resolución de problemas.

Explorar proyectos interdisciplinarios que integren las diversas habilidades adquiridas en lectura, matemáticas, ciencias y otras áreas.

Mantener un equilibrio saludable entre el aprendizaje estructurado y la exploración autodidacta.

Conclusiones:

El estudiante ha demostrado un progreso excepcional en diversas áreas, evidenciando un enfoque apasionado y creativo hacia el aprendizaje. Su participación activa en actividades extracurriculares y el uso ingenioso de diversas herramientas educativas sugieren un potencial prometedor para el futuro. Continuar apoyando y nutriendo esta actitud positiva hacia el aprendizaje será clave para su desarrollo continuo.

Firmado,

[Nombre del Educador]
[Título o Rol del Educador]
[Fecha]

Ejemplo de un Plan de Instrucción Individualizada en el Hogar:

Año Escolar 2023-2024
Datos del Estudiante:

- Nombre del Estudiante: [Nombre del Niño]
- Edad: 8 años
- Nivel de Grado: 3º de Primaria

Lista de Planes de Estudio:

- Lengua Española:
  - Lectura diaria de 30 minutos.
  - Prácticas de escritura creativa.
  - Estudio de gramática básica.
- Matemáticas:
  - Resolución de problemas matemáticos diarios.
  - Estudio de las tablas de multiplicar.
  - Introducción a conceptos de geometría.
- Ciencias Naturales:
  - Investigación de la flora y fauna local.
  - Experimentos científicos sencillos.
  - Lecturas sobre el ciclo de vida de las plantas y animales.
- Estudios Sociales:
  - Estudio de la geografía local.
  - Historias sobre la historia local y nacional.

- ○ Actividades sobre la importancia de la comunidad.
- Educación Física:
  - ○ Juegos al aire libre.
  - ○ Ejercicios diarios.
  - ○ Participación en actividades deportivas locales.

Materiales y Recursos:

- Libros de texto de matemáticas y ciencias [nombre del autor y editorial].
- Enciclopedia ilustrada.
- Juegos educativos en línea [nombre del programa en línea].
- Material de arte para actividades creativas.
- Museos [nombre del museo]

Fechas para la Presentación de Informes Trimestrales:

- Primer Trimestre: [Fecha]
- Segundo Trimestre: [Fecha]
- Tercer Trimestre: [Fecha]
- Cuarto Trimestre: [Fecha]

Responsable de la Instrucción:

- [Tu Nombre]

Ejemplo de un Boletín de notas:

Estudiante :
Grado   :
Curso   :

Asignatura	1er Trimestre	2o Trimestre	3er Trimestre	Promedio
Lenguaje				
Idioma				
Historia				
Ciencias				
Matematicas				
Musica				
Sociales				
Arte				
Salud				

Escala: A = 90% -100% B = 80% - 89% C = 60% - 79% D = 0% - 59%

Comentarios:

Ejemplo de un reporte de notas para un niño de 10 años:

Informe de Calificaciones - Segundo Trimestre - Curso 2023-2024

Datos del Estudiante:

- Nombre del Estudiante: [Nombre del Estudiante]
- Edad: 10 años
- Nivel Educativo: 4º de Educación Primaria
- Curso: [Nombre del Curso]

Áreas de Evaluación:

- Lengua Española:
  - Comprensión Lectora: Nota - [Nota]
  - Expresión Escrita: Nota - [Nota]
  - Ortografía y Gramática: Nota - [Nota]
- Matemáticas:
  - Resolución de Problemas: Nota - [Nota]
  - Cálculo Matemático: Nota - [Nota]
  - Geometría y Medida: Nota - [Nota]
- Ciencias Naturales y Sociales:
  - Conocimiento del Medio Ambiente: Nota - [Nota]
  - Ciencias Sociales: Nota - [Nota]
  - Ciencias Naturales: Nota - [Nota]
- Inglés:
  - Comprensión Auditiva: Nota - [Nota]
  - Expresión Oral y Escrita: Nota - [Nota]
  - Vocabulario y Gramática: Nota - [Nota]

Observaciones Generales:

El estudiante ha mostrado un desempeño positivo durante el segundo trimestre. Destaca especialmente en Lengua Española, donde demuestra una buena comprensión lectora y habilidades expresivas por escrito. También ha mejorado su ortografía y gramática, reflejando un esfuerzo en la consolidación de estas habilidades fundamentales.

En Matemáticas, el estudiante continúa desarrollando sus habilidades de resolución de problemas y cálculo matemático de manera consistente. La participación activa en actividades geométricas y de medida es evidente en su desempeño.

En Ciencias Naturales y Sociales, ha demostrado un interés sólido en el conocimiento del medio ambiente y ha adquirido conocimientos significativos en ciencias sociales y naturales. Este enfoque positivo en estas áreas contribuye al desarrollo de una comprensión integral del entorno.

En la asignatura de Inglés, el estudiante progresa adecuadamente en comprensión auditiva, expresión oral y escrita, así como en el desarrollo del vocabulario y la gramática. La exposición continua al idioma está impactando positivamente en sus habilidades comunicativas en inglés.

Comentarios Adicionales:

El estudiante ha mostrado una actitud participativa y respetuosa en el aula, contribuyendo al ambiente positivo de aprendizaje. Se recomienda seguir fomentando su curiosidad intelectual y motivación, así como promover la participación en actividades extracurriculares para enriquecer aún más su experiencia educativa.

Firma del Educador:
[Nombre del Educador]
[Título o Rol del Educador]
[Fecha]

"Siempre que impedimos que nuestros hijos jueguen o exploren de la manera que prefieren, colocamos otro ladrillo en una barrera entre ellos y nosotros. Estamos diciendo, en esencia, 'No confío en que puedas controlar tu propia vida'. Los niños están sufriendo hoy no por jugar demasiado en la computadora o pasar demasiado tiempo frente a la pantalla. Están sufriendo por tener demasiado control adulto sobre sus vidas y no tener suficiente libertad."

Peter Gray

El ogro de nuestra era: Las Pantallas

A lo largo de la historia, hemos observado cómo muchas actividades que hoy consideramos saludables y educativas solían ser mal vistas. Por ejemplo, hubo un tiempo en el que la lectura de libros se percibía como algo peligroso, como si pudiera corromper la moral y fomentar el comportamiento antisocial. El juego de ajedrez era considerado inmoral, y se temía que nos alejara de nuestros valores religiosos. Además, el yoga y la meditación eran prácticas desconocidas asociadas a religiones orientales. Incluso la danza fue prohibida en algunas culturas debido a sus connotaciones negativas.

Afortunadamente, con el tiempo, las opiniones han evolucionado a medida que la sociedad se ha vuelto más educada y abierta. Hemos empezado a reconocer el valor de actividades como la lectura, que ahora sabemos que expande nuestra mente y nos lleva a nuevos horizontes. Es esencial recordar que hoy nos enfrentamos a un cambio similar en nuestra percepción de las pantallas y la tecnología.

Las familias a menudo se cuestionan si deben permitir que sus hijos pasen mucho tiempo frente al móvil, la tableta o la computadora, preocupadas por cómo pueden afectar su desarrollo social y cognitivo. Sin embargo, ten presente que las pantallas no son inherentemente malas. Como cualquier herramienta, su impacto depende de cómo la utilices. Cuando se utilizan con responsabilidad y moderación, las pantallas se convierten en aliadas poderosas para el aprendizaje, la creatividad y la comunicación de tu hija.

Por ejemplo, las pantallas nos ofrecen la oportunidad de acceder a una riqueza de información y recursos que, de otra manera, estarían fuera de nuestro alcance. Nos permiten conectar con personas de todo el mundo y fomentar la creación y el intercambio de arte, música y otras formas de expresión. Además, muchos juegos y aplicaciones educativas tienen el potencial de ayudar a los niños a desarrollar habilidades vitales como la resolución de problemas, el pensamiento crítico y la creatividad.

Aunque algunas familias aún miran las pantallas con malos ojos, es innegable que se han convertido en una parte esencial de la vida moderna. Así como la lectura de libros, las pantallas poseen un gran potencial como herramienta para el aprendizaje y el crecimiento, siempre y cuando las empleemos de manera responsable y equilibrada.

Por supuesto, es crucial asegurarte de que tu hija utilice las pantallas de forma segura y responsable. Esto implica brindarle una guía adecuada sobre su uso y enseñarle acerca de los riesgos asociados con la actividad en línea. Así como le enseñaste a cruzar la calle, a no hablar con desconocidos, a comprender los peligros de una piscina o el mar, y a no perderse en el centro comercial, debes aplicar el mismo enfoque al educarla sobre el uso de internet. Practica con paciencia junto a tu hija, comparte tu conocimiento y sigue practicando hasta que veas que está lo suficientemente madura para navegar de manera independiente.

Yo también me preocupé por el uso de las pantallas y el internet, así como por la cantidad de programas de televisión que mis hijos podían ver. Después llegaron los iPads, los iPhones y las redes sociales, que me resultaban completamente nuevos. Me dio miedo permitir que mis hijos navegaran por la web. Soy de esas mamás y educadoras que creen en la importancia de que los niños jueguen en la naturaleza el mayor tiempo posible.

No obstante, soy muy consciente de que las pantallas son parte integral de nuestras vidas, y la cantidad de información que podemos obtener en cuestión de segundos es simplemente asombrosa. Ahora, durante una excursión en la naturaleza, puedes tomar una foto de un insecto o una hoja con tu móvil y descubrir su nombre, especie y toda su información. ¡Eso es aprendizaje en acción! Las pantallas son herramientas increíbles para el aprendizaje, y al limitar su uso, restringes también las oportunidades de aprendizaje de tu hija.

A medida que la tecnología se integra cada vez más en tu vida cotidiana, la cantidad de tiempo que tu hija pasa frente a pantallas electrónicas se ha convertido en una preocupación compartida por muchas familias. Te inquieta que un uso excesivo pueda llevarla a la adicción y a la falta de autocontrol si no lo gestionas adecuadamente.

La solución para muchas familias es establecer reglas y límites en cuanto al tiempo frente a las pantallas. Sin embargo, antes de tomar esta decisión, me gustaría ayudarte a comprender el impacto psicológico que el uso de las pantallas tiene en los niños.

Los seres humanos necesitamos autonomía, sentirnos competentes y mantener relaciones para estar motivados y satisfechos. Es tan fundamental como la necesidad de comida y agua para sobrevivir. Descuidar estas necesidades puede afectar seriamente nuestro bienestar mental, de la misma manera que privar a nuestro cuerpo de alimento puede dañar nuestra salud física. Por lo tanto, es esencial que priorices y fomentes estos aspectos en la vida de tu hija para asegurar su salud mental óptima.

Muchos niños no tienen la oportunidad de desarrollar su independencia, sentirse competentes y establecer relaciones significativas en sus vidas cotidianas, por lo que buscan alternativas en línea. Esto lleva a largos periodos de tiempo en internet, ya que no pueden encontrar estos elementos esenciales en su entorno cercano.

Autonomía: Independencia, autorregulación, libertad de elección.

Las niñas y niños que asisten a escuelas convencionales o aquellos que siguen una educación en casa con un currículo estricto, bajo la guía de una familia autoritaria, a menudo experimentan una falta de autonomía en su vida. Sus opciones son limitadas y se les dicta qué hacer, qué pensar y cómo vestirse, siguiendo reglas rigurosas.

No obstante, cuando estos niños tienen la oportunidad de conectarse en línea, encuentran un sentido de libertad y autonomía. Pueden explorar sus intereses de manera libre, tomar sus propias decisiones y experimentar un control y vigilancia mínimos por parte de los adultos.

Competencia: Habilidad, maestría, eficacia personal, logro.

Los niños que siguen un currículo estandarizado, ya sea en escuelas o educados en casa, a menudo enfrentan dificultades para desarrollar su competencia debido a sus diferentes personalidades y estilos de aprendizaje. La expectativa de que todos los niños aprendan de la misma manera o se adapten a un patrón rígido es poco realista.

En cambio, cuando estos niños están en línea, tienen la libertad de explorar y aprender sobre temas que les apasionan. Esto les capacita para enseñarse a sí mismos nuevas materias y aumenta su confianza en su capacidad para aprender de forma independiente. Además, muchos niños encuentran satisfacción y un sentido de logro en los videojuegos, ya que están diseñados específicamente para fomentar la competencia. ¿No has notado lo competentes que se sienten los niños cuando avanzan a un nuevo nivel o ganan una partida?

Relación: Conexión social, pertenencia, vínculos interpersonales.

Contrario a lo que se suele pensar, los alumnos en la escuela a menudo tienen oportunidades limitadas para desarrollar habilidades sociales y hacer amigos. Su tiempo para socializar, jugar y relacionarse es restringido. En cambio, internet les brinda una plataforma para encontrar personas afines, como un vasto patio de recreo donde pueden conectarse a través de intereses compartidos.

Los niños pueden construir amistades y socializar libremente a través de juegos en línea, dedicando horas a explorar juegos y trabajar en proyectos que ellos mismos eligen. Internet y las redes sociales se han convertido en el lugar donde los adolescentes se reúnen y pasan tiempo juntos.

El aumento de la tecnología ha traído consigo una nueva forma de adicción: la adicción a la pantalla. A menudo se argumenta que el problema reside en las pantallas (redes sociales o videojuegos) en sí mismos, pero en realidad, la pantalla, la aplicación o el videojuego no son el problema principal. El verdadero problema radica en el nivel de felicidad y satisfacción que una persona experimenta en su vida cotidiana. La adicción es un problema complejo que puede manifestarse de diversas maneras.

Cuando alguien se vuelve adicto, a menudo lo hace buscando algo que falta en su vida o tratando de evadir algo. En el caso de la adicción a la pantalla, suele estar relacionada con la falta de autonomía, competencia y relaciones en su vida diaria. Cuando estas necesidades no se satisfacen de forma regular, es común recurrir a las pantallas en busca de satisfacción.

Las redes sociales, los videojuegos y otras actividades en línea proporcionan una sensación de control, logro y conexión con otros. No obstante, esto puede convertirse rápidamente en una adicción, ya que la persona depende cada vez más de las pantallas para sentirse feliz y satisfecha.

Entonces, ¿cuál es la solución? En lugar de simplemente limitar el tiempo frente a las pantallas, es importante abordar el problema subyacente que impulsa la adicción. Dar a los niños la oportunidad de experimentar autonomía, competencia y relaciones en su vida diaria puede disminuir su necesidad de buscar experiencias en línea, lo que, en última instancia, reduce el tiempo frente a las pantallas.

Se puede hacer de varias maneras, desde brindarles a los niños un mayor control sobre sus rutinas diarias hasta ofrecerles oportunidades para desarrollar nuevas habilidades y pasatiempos. Fomentar actividades sociales, como jugar con amigos o unirse a un equipo deportivo, también puede ayudar a promover una sensación de conexión y pertenencia. Al abordar estas necesidades de manera saludable y positiva, es menos probable que los niños recurran a las pantallas en busca de satisfacción, lo que reduce significativamente el riesgo de adicción.

Si te preocupa que las pantallas se conviertan en una obsesión poco saludable para tu hija, puedes conversar abiertamente con ella sobre las ventajas y desventajas de la tecnología. En lugar de imponer reglas estrictas que generen frustración y resistencia, explicarle los costos y beneficios del tiempo frente a las pantallas la ayudará a comprender y desarrollar las habilidades necesarias para tomar decisiones informadas sobre su uso de la tecnología, incluso cuando no estás supervisando.

Es fundamental estar al tanto de los posibles peligros relacionados con los recursos digitales y tomar medidas para proteger a tu hija. Educa y guíala en el uso seguro y responsable de las redes sociales. Háblale sobre riesgos como el abuso sexual, la pornografía infantil y el tráfico de personas, y ayúdala a comprender cómo evitar situaciones peligrosas en línea.

Sé un ejemplo positivo para tu hija; utiliza la tecnología de manera responsable y explícale la influencia de los 'influencers' en las redes sociales a sus seguidores. Capacitar a los niños para que tomen sus propias decisiones es fundamental en lugar de depender únicamente de las opiniones de los demás en internet. Anímala a verificar la información antes de considerarla verdadera y enséñale cómo navegar de manera segura en línea, desarrollando habilidades de pensamiento crítico. Con estas herramientas, tu hija podrá explorar el mundo digital con confianza y seguridad.

Ofrece oportunidades para que tu hija se sumerja en el mundo físico, explorando diversos intereses, organizando encuentros para jugar con amigos y disfrutando de emocionantes experiencias y aventuras al aire libre. Los niños no echan de menos sus dispositivos cuando disfrutan de un tiempo en familia significativo y gratificante.

Fomentar un equilibrio entre el tiempo que tu hija pasa frente a una pantalla y otras actividades puede ayudarte a sentirte más tranquila cuando la veas utilizando dispositivos, ya que eres consciente de que ha tenido diversas experiencias más allá de la tecnología. En lugar de enfocarte en limitar su tiempo frente a la pantalla, te propongo que, al verla utilizando dispositivos, te sientes a su lado y compartas tiempo con ella, observando sin juzgar lo que hace y disfrutando de ese momento de calidad juntas. Las pantallas pueden facilitar la participación de tu familia en actividades que a tu hija le encantan, fortaleciendo así los vínculos familiares. Y poco a poco irás descubriendo que, para algunos niños y jóvenes, las pantallas proporcionan beneficios únicos que no se encuentran disponibles en otros lugares.

No atribuyas la infelicidad de tu hija al tiempo que pasa frente a una pantalla ni a los videojuegos; no son los ogros en esta ecuación. Prohibirlos no mejorará su bienestar. En cambio, es crucial que identifiques la raíz de su infelicidad, ya que los videojuegos rara vez son la causa principal. Abordar adecuadamente los problemas subyacentes ayudará a tu hija a sentirse más feliz y realizada sin renunciar a algo que disfruta.

Valora la alegría, la curiosidad y la exploración de tu hija, incluso si es frente a una pantalla. Cuando hablas mal de las pantallas, estás criticando las actividades que a ella le gusta hacer y, en consecuencia, su forma de aprender. En cambio, intenta sumarte a los intereses de tu hija, incluso si no son de tu preferencia. Al mostrar un interés y apoyo genuinos, le demuestras que te importan sus pasiones y, lo más importante, a ella.

La calidad de las experiencias frente a la pantalla es mucho más importante que la cantidad de tiempo dedicado a ella. Limitar excesivamente el uso de la tecnología, sin quererlo, reduce las oportunidades de aprendizaje y crecimiento de tu hija. Las nuevas tecnologías ofrecen experiencias de aprendizaje atractivas e interactivas que potencian la educación y mejoran la eficacia del aprendizaje en los niños. Imponer límites despierta un interés excesivo por la tecnología. Restringir el acceso genera episodios de uso excesivo, enfoque intensificado y ansiedad cuando tienen el permiso de utilizarla, además de que terminan descubriendo formas de usarla a escondidas.

Además, cuando finalmente permites el uso de la tecnología, a menudo no la disfrutan plenamente porque temen que se la quites otra vez. Al establecer límites de tiempo, crees tener todo bajo control, pero en realidad, lo que estás haciendo es no proporcionar la orientación que necesita. Desarrollar una relación positiva con tu hija es más efectivo que ejercer control; a través de una buena relación puedes guiarla y educarla de manera más efectiva. Imponer límites de manera autoritaria genera desconfianza, ya que envías el mensaje de que no confías en su capacidad o juicio para comportarse de manera responsable y adecuada. Educar es una estrategia tremendamente efectiva y beneficiosa a largo plazo en comparación con la simple imposición de límites.

Es importante implicarte, preguntarle por qué disfruta de ciertos juegos, canales de YouTube o aplicaciones, y escuchar atentamente sus respuestas. No des por hecho que algunas actividades son menos valiosas que otras. Los videojuegos, YouTube y las redes sociales también son una vía de aprendizaje. Pasa tiempo con ella compartiendo esas experiencias en línea y aprende a valorar lo que ella valora.

Como familia, te toca a ti decidir qué tipos de juegos son apropiados para tu hija. Algunas madres eligen no permitir que sus hijos jueguen con ramas o trepen árboles, mientras que otras prohíben navajas suizas o pistolas de juguete. La decisión es tuya, basada en lo que crees que es lo mejor para tu hijo. Lo mismo ocurre con las pantallas. Al final, depende de ti decidir qué papel desempeñan estos recursos en la vida de tu hija. Lo que sí puedo decirte es que a menudo nuestras decisiones se basan en nuestras propias experiencias, educación y entorno.

Es normal tener miedo a lo desconocido; a muchos de nosotros nos preocupa lo que no entendemos del todo. Por ejemplo, es probable que hayas crecido sin redes sociales, aplicaciones y videojuegos. En cambio, los niños de hoy están rodeados de tecnología desde muy pequeños. A muchos nos cuesta aceptar que nuestras infancias y experiencias son distintas. Lo que funcionó para nosotros no necesariamente funcionará para nuestros hijos.

Independientemente de la edad en la que tu hija comience a usar dispositivos electrónicos, es fundamental ayudarla a comprender los conceptos del uso de los medios de comunicación. En lugar de temer a las maquinitas e internet, aprended juntas todas las normas para asegurar su seguridad. Los niños necesitan la guía de adultos para aprender a no ceder sin reflexión a las influencias externas y fomentar el desarrollo del pensamiento crítico. Es crucial que adquieran habilidades de competencia digital e internet para un desarrollo psicológico saludable.

Imagina que los dispositivos electrónicos, internet, videojuegos y redes sociales son como una piscina. En una piscina, los niños se divierten, hacen ejercicio, socializan, aprenden y disfrutan en familia. No obstante, también existen riesgos, como el cloro que puede irritar los ojos, accidentes o incluso situaciones de acoso. Algunas piscinas tienen socorristas para proteger a los nadadores, mientras que otras no. Con el tiempo, a medida que tu hija crece, le enseñas a nadar, a mantenerse segura y, basándote en su madurez y habilidades, tomas decisiones sobre si debe usar flotador o si puede aventurarse en la parte profunda por sí misma.

Haz lo mismo con el mundo digital. Establece medidas de seguridad en línea, como un programa de control parental ('socorrista digital'). Ofrece opciones seguras, como dispositivos con juegos apropiados para su edad y sin acceso a internet ('flotadores electrónicos'). Enséñale a navegar en línea de manera responsable ('clases de natación digital'). Con el tiempo, a medida que demuestre madurez y responsabilidad, considera darle más libertad en el uso de dispositivos, al igual que permites que nade en la parte profunda de la piscina cuando esté lista.

Ahora bien, la próxima vez que te irrite y te preocupe ver a tu hija pasando horas delante de una pantalla, y desees que cambie de actividad, plantéate esta pregunta: ¿interrumpirías a tu hija si estuviera pasando todo el día leyendo un libro? ¿O si estuviera tumbada en el suelo jugando con Legos durante horas?

No tengo ningún problema con las pantallas y los videojuegos, pero tampoco los fomento activamente. Son simplemente otra herramienta para el aprendizaje y un complemento útil. Al igual que con cualquier otra actividad, baso mis decisiones en mi presupuesto y en el nivel de madurez de mis hijos.

¿Qué te preocupa más acerca de las pantallas? ¿Quizás que fomenten la soledad y el aislamiento? La lectura también puede llevar a la soledad y el aislamiento. ¿Te preocupa que la tecnología pueda tomar el control de la vida de tu hija? Es importante recordar que la tecnología es una herramienta; tú y tu hija son quienes tienen el control, no al revés. ¿Podría ser que sientes miedo hacia la electrónica porque es algo desconocido para ti? Tal vez no creciste con ella. Considera la posibilidad de aprender junto con tu hija.

Muchas familias tienen dudas sobre los videojuegos y a menudo optan por no permitir que sus hijos jueguen. Este temor generalmente surge de la falta de experiencia en este mundillo, especialmente para aquellos que no crecieron con videojuegos. Sin embargo, mi propia experiencia me ha llevado a adoptar una visión positiva de ellos.

Durante mi infancia, los videojuegos fueron una parte significativa de mi vida, una pasión compartida con mi hermano. Jugar juntos no solo fortaleció nuestro vínculo, sino que también nos brindó momentos inolvidables llenos de diversión y emoción. Lo más importante es que observé cómo mi hermano disfrutaba de los videojuegos de manera saludable, sin que esto afectara negativamente otros aspectos de su vida. Ahora, como madre, no dudo en permitir que mis propios hijos disfruten de los videojuegos. He visto de primera mano cómo mi hijo mayor se sumerge en estos mundos virtuales sin que ello repercuta negativamente en su rendimiento académico, relaciones sociales o bienestar mental. De hecho, he conocido a numerosos adultos exitosos que, al igual que mi hermano, disfrutaron de los videojuegos durante su infancia y ahora llevan vidas plenas y satisfactorias.

Los videojuegos son una herramienta valiosa para el entretenimiento, la creatividad y el desarrollo de habilidades cognitivas. Ahora, tú también puedes adoptar esa visión positiva al saber que mi hijo mayor disfruta mucho de ellos y no le han afectado negativamente.

Por otro lado, no crecí con las redes sociales, y al no tener experiencia, me sentí incómoda con la idea de que mis hijos las utilizaran. Así que compartí mis inquietudes con ellos, tuvimos conversaciones abiertas sobre los posibles riesgos, escuché su perspectiva y, juntos, exploramos este nuevo terreno digital aprendiendo unos de otros.

Para algunos niños, los videojuegos son el único ámbito donde se sienten competentes y seguros de sí mismos. Otros, debido a experiencias negativas como el acoso escolar o situaciones de aislamiento, como la pandemia o vivir una vida nómada, encuentran en los videojuegos en línea un refugio para conectar con otros y sentirse parte de una comunidad. En estos casos, los videojuegos se convierten en una herramienta valiosa para construir relaciones y fortalecer la autoestima.

Además, muchos videojuegos ofrecen desafíos que requieren práctica y dedicación para dominarlos, lo que permite a los niños desarrollar habilidades y aumentar su confianza en sí mismos. Limitar el tiempo frente a la pantalla limita su capacidad para experimentar el juego libre, una parte esencial del aprendizaje. Los videojuegos representan más que solo entretenimiento, son una plataforma para fomentar la expresión artística y el pensamiento creativo, habilidades que son cada vez más valoradas en el mundo profesional actual y que pueden ser beneficiosas para las futuras perspectivas laborales.

Las redes sociales nos ofrecen muchas ventajas importantes. Aunque tienen algunos aspectos negativos, como el ciberacoso y la difusión de información falsa, también nos permiten conectarnos con otras personas, estar al tanto de las últimas noticias y compartir nuestras ideas y experiencias con personas de todo el mundo. Además, nos brindan la oportunidad de establecer nuevos contactos, expresarnos de manera personal y crear comunidades en línea.

Antes solía inquietarme por el exceso de tiempo que mis hijos pasaban pegados a las pantallas, pero decidí darles carta blanca en cuanto a la cantidad de tiempo. Me asombró descubrir que ellos mismos pueden regularse y administrar su tiempo de manera eficaz. ¡Funcionó!

Cuando los niños saben que pueden utilizar dispositivos electrónicos sin restricciones, diversifican su tiempo con otras actividades. Ofrece a tu hija opciones como ir a la piscina, hacer excursiones, montar en bicicleta, organizar una cita con un amiga para jugar, cualquier actividad al aire libre, o algo tan sencillo como jugar en la calle o el parque más cercano con los vecinos o disfrutar de un juego de mesa. Preferirá hacer otras actividades si sabe que puede usar sus dispositivos electrónicos en cualquier momento sin preocuparse.

Si ves que pasa mucho tiempo jugando frente a la pantalla, no te asustes, es normal. Está intentando lograr algo importante en ese juego, y los que conocemos el mundillo de los videojuegos sabemos que es común pasar horas jugando. Haz el esfuerzo de sentarte con ella y aprender sobre el juego que está jugando. Te sorprenderás de lo fantásticos que son algunos.

En lugar de centrarte únicamente en limitar el tiempo que tu hija pasa delante de la pantalla, es más importante controlar el contenido que consume, ya que tiene un mayor impacto. Los medios digitales ofrecen ventajas importantes, como el acceso fácil a la información, la educación y las oportunidades laborales. Sin embargo, al igual que otras cosas peligrosas pero necesarias, como cuchillos, tijeras, fogón o cruzar la calle, las pantallas también pueden representar riesgos. La clave está en educar a tu hija sobre cómo y cuándo utilizarlas de manera segura. Es esencial que comprenda que las pantallas pueden ser herramientas de aprendizaje y entretenimiento, pero también necesita aprender a utilizarlas de forma equilibrada y consciente en la era digital.

¿A qué edad regalar un móvil?

En la era digital, la decisión de cuándo regalar un móvil a nuestros hijos se ha vuelto crucial para muchas familias. Me resulta intrigante la elección de la palabra 'dar', ya que implica la automaticidad de proporcionarles un dispositivo. ¿Realmente es necesario asumir este compromiso? Desde mi perspectiva, abordo este tema de manera diferente. ¿Es imperativo regalarles un móvil o podrían adquirirlo por sí mismos? En mi caso, decidí no proporcionarles móviles a mis hijos, alentándolos a asumir esa responsabilidad por sí mismos.

Cada vez que mi hijo menor me preguntaba si podía tener un móvil, mi respuesta siempre fue: "Claro, cuando puedas comprártelo y asumir la mensualidad". Y así fue. A los catorce años, compró su primer móvil y se encargó de la tarifa del servicio. Mis otros dos hijos comenzaron a tener móviles a los 16 años, cuando empezaron a trabajar. Al haber tenido otras formas de comunicación, no sintieron prisa por comprar uno.

Si tienes dudas sobre cuándo proporcionar un móvil a tu hija, no te sientas obligada, pero tampoco le impidas adquirirlo si tiene los medios económicos necesarios. Si se ha esforzado por reunir el dinero suficiente para comprar el móvil y cubrir la tarifa mensual, entonces ha llegado la edad adecuada para tener uno.

"Los niños nacen con una pasión y entusiasmo desbor-
dantes por dar sentido a todo lo que les rodea. Si intentamos controlar, manipular o desviar este proceso... el
científico independiente que existe en el niño desaparece."

John Holt

¿Esto saldrá en el examen?
Escrito por la Dra. Naomi Fisher

Una de las cosas que perdemos en la escuela es nuestra capacidad para explorar y aprender sin ser evaluados.

En preescolar, los niños aprenden sin preocuparse por cuáles son sus objetivos de aprendizaje, sin considerar cuál debería ser el propósito de ello y sin tener en cuenta la mirada de los demás.

Aprenden mediante la acción y haciendo preguntas al mundo.

Juegan.

Luego ingresan a la escuela y muy rápidamente les enseñamos que la 'verdadera educación' debe demostrarse.

Debe ser aprobada por el profesor.

Algunos aprendizajes reciben un 'Bien hecho', mientras que otros reciben un 'Inténtalo de nuevo' o incluso 'Ven a verme'.

Sin un profesor que certifique tu aprendizaje, podría no haber sucedido.

El resultado se valora más que el proceso, y se comparará con el de todos los demás.

Una y otra vez.

No puedes evitar conocer esta realidad.

El impacto de esto aparece temprano.

Los niños comienzan a decir que son malos en cosas.

Comparan sus dibujos con los de otros niños y dejan de dibujar porque los suyos no son 'buenos'.

Dicen que están 'atrasados' en la lectura, o que no son tan inteligentes como la niña que se sienta a su lado.

Son agudamente sensibles a este sistema informal de clasificación y a lo que los adultos consideran importante.

Esto impacta tanto a los que tienen un buen desempeño como a aquellos que enfrentan dificultades.

Aprenden a pensar que 'aprender' solo cuenta cuando alguien más lo evalúa, y comienzan a tomar sus decisiones basándose en eso.

'¿Cómo me irá?', se vuelve más importante que '¿Qué quiero aprender?'

Esto no ocurre por casualidad.

Los adultos lo hacen deliberadamente.

Les cuentan historias sobre lo importante que es el trabajo escolar y cómo obtener buenas calificaciones en la escuela marcará la diferencia entre una vida bien vivida y una vida llena de luchas.

Los niños tienen la capacidad de aprender sin miedo como un derecho de nacimiento.

Se lo quitamos en nombre del logro y el aprendizaje.

Lo quitamos con pegatinas y estrellas y certificados de logro.

Los entrenamos para pensar que aprender se trata de evaluación y resultados, y luego nos sorprendemos cuando nos preguntan si esto estará en el examen.

Y la mayoría de las veces, hacemos esto sin considerar nunca lo que están perdiendo.

Maestra

Como maestra que fui, encuentro muy acertada la opinión de John Holt sobre los maestros:

"Lo que más perjudica al aprendizaje es el maestro que habla".

Pero por favor, no te tomes esto como un insulto. Más bien, te animo a que continúes formándote constantemente sobre cómo aprenden los niños.

Al sumergirte en la literatura y explorar más sobre este tema, podrás obtener perspectivas valiosas y enfoques que te ayudarán a brindar un mejor apoyo a tus estudiantes. Te recomiendo mucho los libros de John Holt o John Taylor Gatto, ambos maestros destacados. También, los libros "Free to Learn" del Dr. Peter Gray y "Changing Our Minds" de la Dra. Naomi Fisher son recursos realmente valiosos. Como maestra, es esencial profundizar en el conocimiento de cómo los niños aprenden mejor.

Cuando eliges un método de enseñanza que a ti te funciona bien o te parece bueno, puede que no sea efectivo para tus estudiantes. La clave para ayudarles a aprender es permitir que tomen las riendas. Compañera, es fundamental que te adaptes a las necesidades de tus alumnos y no impongas tu estilo de enseñanza. Cada estudiante es único, así que hay que seleccionar el enfoque que mejor les funcione.

Tu trabajo es complicado, pero lo más importante es priorizar el aprendizaje de tus estudiantes por encima de todo lo demás.

Muchos de nosotros, yo incluida, nos hemos apartado del enfoque natural de criar y educar. Te invito a unirte a mí y a otros educadores para adoptar una forma nueva y diferente, aunque en realidad es antigua, de educar a los niños y adolescentes. Ellos, y todos nosotros, están biológicamente diseñados para aprender; solo necesitan la libertad para hacerlo. Ofreceles ese espacio.

Los niños, adolescentes y adultos aprenden y trabajan mejor cuando tienen el control de lo que hacen. La motivación intrínseca siempre supera a la motivación extrínseca. Los niños tienen una sed innata de aprender. Tu misión es nutrir sus intereses, orientar su curiosidad, facilitar sus exploraciones y brindarles el espacio para descubrir y crecer. Y, sobre todo, dejarles el camino libre.

Cualquiera que haya compartido momentos entrañables con niños pequeños sabe que su instinto natural de aprender se intensifica a través de sus intereses y fascinaciones. Pasar por alto estos intereses y sus experiencias previas al enseñar a los niños genera frustración para todos los involucrados y se pierden valiosas oportunidades de aprendizaje.

Atender a todos los intereses de tus estudiantes es complicado, pero se puede lograr creando un aula bien equipada y propicia. Dales a tus alumnos un entorno seguro, divertido e interesante, que los anime a explorar y aprender.

La perspectiva es el arte de contemplar las cosas, la forma en que observamos esas mismas cosas desde un punto de vista diferente. Querida maestra, te invito a mirar la educación desde otro ángulo.

Gran parte del esfuerzo educativo actual se centra en motivar a los estudiantes para que aprendan. Estás agotada porque vas en contra de la corriente natural, en contra de la naturaleza de tus alumnos, contradiciendo el modo en que los niños aprenden de forma innata. Tus estudiantes ya tienen la motivación para aprender, pero estás enseñando contenido que no les interesa o no perciben su valor. La mayoría de ellos no desean estar en tu clase y carecen de interés por lo que estás enseñando.

En la actualidad, muchos docentes se enfrentan a la dificultad de motivar a sus estudiantes para que aprendan. Sin embargo, el problema no radica en los estudiantes, sino en la manera en que abordamos la educación. Como maestra, posees la habilidad de personalizar cómo aprenden y construir un entorno que fomente la curiosidad y la participación.

En lugar de seguir un currículo estandarizado, personalízalo para adaptarlo a los intereses y estilos de aprendizaje de tus alumnos. Al mirar la educación desde otra perspectiva, puedes ayudar a que tus estudiantes triunfen. Crea un aula centrada en el estudiante, donde puedan decidir qué aprenden y cómo lo hacen. De este modo, estimulas su curiosidad, inspirándolos a seguir aprendiendo a lo largo de toda su vida.

Las escuelas convencionales están yendo por mal camino, ya que los estudiantes no aprenden por su propia motivación, sino que se les obliga a estudiar materias que no les resultan interesantes ni útiles. Te propongo transformar tu clase en un espacio de aprendizaje que siga el buen camino. Donde los niños se sientan motivados a aprender asignaturas por su propia voluntad, porque realmente les asombren, y así asimilarán y aprenderán de manera más ágil.

En lugar de simplemente transmitir hechos y conocimientos y luego evaluar a los estudiantes según su capacidad para recordarlos, intenta darles la libertad de explorar y descubrir la información que necesitan o les interesa. Dado que los estudiantes no tienen más opción que estar en tu clase y a ti te corresponde enseñarles unos objetivos de aprendizaje determinados, busca maneras de integrar sus intereses y pasiones en el plan de estudios. De esta manera, les ayudas a conectar y comprender el tema de manera más profunda.

¿Cómo puedes personalizar su aprendizaje y ayudar a tus estudiantes a aprobar tu asignatura?

Para adaptar el aprendizaje de tus alumnos, necesitas ajustar el entorno educativo a sus necesidades e intereses individuales. Permitirles elegir qué, cuándo, cómo y dónde aprender potencia su proceso de aprendizaje. Es importante ser clara y honesta con ellos. Explícales que tienes la responsabilidad de enseñarles ciertos objetivos educativos que necesitan para graduarse, pero también ofréceles flexibilidad en la forma y el momento en que aborden esos temas. Anímalos a explorar y adquirir conocimientos a través de distintos medios, como vídeos en YouTube, lectura de libros, escucha de podcasts o el seguimiento del plan de lecciones que has preparado. Permite que demuestren lo que han aprendido según sus intereses y habilidades, ya sea mediante un examen, una redacción, un proyecto, una presentación o un debate. De esta manera, podrán sentirse más motivados y tomar control de su propio aprendizaje.

No es necesario enseñar si creas las condiciones adecuadas para que los niños puedan aprender. Imagina diseñar tu aula con diversos centros de aprendizaje y rincones, siguiendo la misma filosofía que se emplea en un aula de kindergarten. Esto es aplicable para alumnos de todas las edades, incluso para estudiantes de secundaria y bachillerato. En vez de ser una maestra que habla, considera asumir el rol de orientadora educativa. Tu tarea es guiar a tus alumnos en los objetivos educativos del currículo, los conocimientos y temas que deben alcanzar para el final del año o semestre, permitiéndoles elegir la forma y el momento en que desean aprenderlos. Y mantente disponible para aquellos que necesiten ayuda extra o quieran discutir el tema contigo.

Si eres maestra de secundaria y uno de tus estudiantes tiene como objetivo acceder a una universidad prestigiosa, mostrando un genuino deseo de aprender y mejorar su expediente académico, ¡maravilloso! Disfruta apoyándolo en este camino. Sin embargo, si un estudiante tiene la intención de seguir una carrera en la que la materia que enseñas no es relevante y le resulta difícil, es esencial mostrar flexibilidad y comprensión. En este caso, permítele al estudiante elegir la estrategia más adecuada para aprobar tu asignatura.

Mi hijo pequeño está actualmente en noveno grado (tercero de la ESO) en un instituto público. Desafortunadamente, se ha encontrado con algunos profesores tóxicos que no saben cómo conectar con sus alumnos. De todas formas, prefiero no enfocarme en los aspectos negativos del sistema educativo, sino más bien compartir una experiencia positiva que tuvo mi hijo con un profesor sabio y con vocación.

El profesor de Lengua y Literatura de mi hijo, reconocido por su rigurosidad, estableció un vínculo con él, tratando de conectar y comprender mejor sus habilidades y debilidades. Durante una conversación llena de sinceridad, mi hijo expresó que la administración lo había puesto en su curso de Literatura de nivel avanzado sin consultarle, y que preferiría el nivel estándar, ya que esta materia no es su fuerte. Su verdadero interés radica en las finanzas y los negocios.

El profesor sorprendió gratamente a mi hijo al adaptar el plan de estudios y ofrecerle un enfoque más ajustado a sus intereses. Le proporcionó un libro para leer, acompañado de un cuestionario, lo que le permitió aprobar la asignatura con éxito. Este gesto demostró la disposición del profesor para escuchar y brindar a sus alumnos las herramientas necesarias para alcanzar el éxito.

"Podemos considerarnos no como maestros, sino como jardineros. Un jardinero no hace crecer las flores; intenta darles lo que cree que necesitan y ellas crecen por sí mismas."
John Holt

Espero que te animes a considerar y probar este enfoque poderoso. El aprendizaje personalizado y autodirigido empodera a los estudiantes para tomar decisiones informadas sobre su aprendizaje. Ofrecer la libertad de elegir qué aprender, cómo y a qué ritmo hacerlo, conduce a los estudiantes a tener una experiencia de aprendizaje más personalizada y significativa. Manejar una clase numerosa donde se practica el aprendizaje personalizado es todo un reto. Aun así, gracias a los avances tecnológicos, cada vez es más viable hacer que el proceso de aprendizaje sea más eficiente y efectivo.

Crea un ambiente de aprendizaje acogedor para tus alumnos. Inspíralos y permite que su creatividad y talento brillen. Ofrece apoyo y comprensión para establecer una comunicación efectiva con ellos y encontrar el enfoque adecuado para cubrir sus necesidades de aprendizaje. El aprendizaje personalizado brinda la oportunidad de establecer conexiones significativas con tus estudiantes, y mantener una relación sólida ayuda a facilitar su proceso de aprendizaje.

Cuida de la motivación intrínseca en tus alumnos dándoles autonomía en su proceso de aprendizaje. En lugar de decirles qué deben aprender, permíteles elegir entre diferentes opciones que se ajusten a sus intereses y objetivos. Esta conexión personal con la materia a estudiar activa una fuerza interior de superación, ya que encuentran naturalmente motivación en lo que les resulta significativo.

En el proceso de aprendizaje, la persona que está aprendiendo es la pieza clave. Por eso, tu papel como maestra va más allá de simplemente impartir información; es como el de una jardinera. Así como una planta no puede crecer simplemente pegándole hojas a su tallo, tu labor es crear un entorno propicio donde el desarrollo de tu estudiante pueda florecer. Este entorno educativo ideal debe combinar elementos tangibles como libros, herramientas y recursos con aspectos emocionales, morales e intelectuales que estimulen su crecimiento integral.

La enseñanza es delicada, compleja y apasionante. A menudo, no se ajusta a los métodos convencionales utilizados por muchas escuelas, sino que se basa en el entendimiento de que cada niño es único y requiere un entorno que fomente su crecimiento pleno.

El reto que te estoy proponiendo no es algo nuevo; ya se ha llevado a cabo en algunas escuelas con resultados maravillosos. Los alumnos deciden cómo funciona su entorno, con quién interactuar y si, cómo y cuándo ser evaluados. Este enfoque personalizado es radicalmente diferente de cualquier otra forma de educación, y es lo que la eleva de ser simplemente mediocre a ser verdaderamente asombrosa.

"Siento vergüenza de que tantos de nosotros no podamos imaginar una forma mejor de hacer las cosas que encerrar a los niños todo el día en celdas, en lugar de permitirles crecer conociendo a sus familias, relacionándose con el mundo, asumiendo obligaciones reales, esforzándose por ser independientes y autosuficientes y libres."

John Taylor Gatto

Carta de una maestra

Cada vez más maestros y maestras optan por dejar el Sistema Educativo debido a la desmotivación que surge como consecuencia del estrés, la presión, la frustración, la burocracia y las regulaciones, la falta de apoyo, la sobrecarga de trabajo y los desafíos en el aula. Educar conscientemente y respetar al niño en una escuela convencional resulta complicado.

Te invito a descubrir la inspiradora historia de transformación y compromiso de una maestra que ama educar. Sin embargo, para hacerlo con respeto, tuvo que renunciar al sistema.

¿Por qué renuncié al sistema educativo?

Hablando de un niño de 10 años, hacía pocos años su vida trans-curría en un extremo de precariedad, rodeado solo por un monte. Desconocía la comodidad de un baño y cubiertos, por ejemplo. Repentinamente, él y su familia estaban viviendo en una ciudad, lejos, en otra provincia argentina. El Pequeño, en pocos años fue "civilizado" y conoció una institución escolar especial.

Recuerdo que solo gritaba, tirándose al piso y dando patadas para expresarse... nadie sabía qué. Pero logró estar tranquilo, mirar a quien le hablaba, balbucear, tocar el hombro para llamar la atención y señalar con sus manos nos expresaba lo que quería. Le agradaba bañarse en la escuela, verse con ropa limpia, pero todos los días era un volver a empezar, pues de su casa venía con la ropa sucia. Hasta que llegó la era de "todos a la escuela común".

Volví a verlo tirado en el piso, dando patadas, gritando, pegando... Una colega me dijo: "Eres la única que sabe ponerle límites, con vos se regula". Otras quejas constantes de una docente porque molestaba en la clase (de más de 30 niños), no escribía, no copiaba. Descubrió que un marcador era útil para decorar las aburridas paredes. Pero fue una obra para nada aceptada por la docente y lo llevó a los gritos hasta la sala de "los discas" (como decían algunos niños), para decirme: "Señorita, este niño se portó muy mal con este marcador, etc., y no escribe, ni cuaderno lleva a la clase". La docente lo dejó en la puerta, se fue enojadísima, el niño me miró, me abrazó tan fuerte que lloramos juntos.

Fue entonces cuando llegó a mi sala un directivo de la escuela especial, después de que los gritos de la "docente de escuela común" llegaron a sus oídos. Luego de escuchar lo sucedido y mi opinión de que el niño estaba sufriendo, que no le hacía bien permanecer en la escuela común, que era conveniente el regreso a la escuela especial donde recibía ayuda y atención a sus necesidades y potencialidades, la respuesta que recibí fue: "No Sonia, él aprenderá a estar, estando".

Y así fue como este niño y muchos niños más siguieron y siguen aprendiendo a ESTAR, solo a ESTAR. De la misma manera que está el mástil, el banco. Dejó de llorar, de gritar, de crear sus hermosos dibujos en la pared (bueno, esto último no estaba mal) y de hacer figuras en plastilina que eran para exponer.

Esta es una de tantas realidades de niños sin voz que deben aprender a estar, estando. Sin más.

Los primeros recuerdos que tengo sobre el germen de mi vocación son al terminar el secundario, cuando cuidé a la hija de unos amigos. Una de mis tareas era llevarla a su escuela especial, y extrañamente entrar a la misma me generaba una sensación de alegría. En ese entonces, no había comenzado a estudiar para ser docente de educación especial y anhelaba poder ingresar a una escuela. Solo veía la posibilidad de ingresar a una institución edu-cativa como niñera de esa pequeña. Era feliz tan solo con esperarla mientras ella tomaba sus clases.

Muchos años después (en el año 2019), ese mismo germen me llevaría a crear en mi casa mi propio espacio virtual y presencial para niños, jóvenes y adultos con y sin discapacidad, al cual llamé "Centro de Expresiones Lúdicas, Artísticas y Pedagógicas". Era, de algún modo, el reinicio de mi vocación.

De regreso a los tiempos de la escuela, el caos del año 2020 me daba algo de claridad y la posibilidad de disfrutar del trabajo con las familias, trayendo a mi memoria que muchos años antes, cuando hacía algo más que ESTAR dentro de la escuela especial, había gozado mucho realizando talleres/clases abiertas para las familias, a pesar de las críticas de mis colegas: "...estás loca, ¿todos los viernes de tantos meses hacer entrar a los padres a tu sala...?"

Fueron muchos años de desilusión. Hasta comenzar a ver que mi vocación, mis ganas de ir a aprender a estar, ya casi no existían. Aulas superpobladas con casi 40 niños, cada uno con su particularidad y necesidad de una educación especial.

Pero aprendí a estar, y a veces disfrutaba quedarme unos minutos con todos los niños, descubría que me gustaba guiar la actividad a los no diagnosticados también. Pero a la docente "integradora" la querían solo para sacar al niño problema del aula de los que sí sabían ESTAR. Docente integradora... inclusión... qué contradicción... si los docentes no estábamos incluidos, mucho menos los niños con diagnósticos.

¿Qué más esperar para brindar y vivir desde una educación libre? Solo los temores a dejar un "trabajo fijo" como me decían muchos, solo el sentir que ya no podría brindar clases me asustaba.

Pero la contradicción me enfermaba, mi salud mental se deterioraba cada vez más. Esto me llevó a comienzos del año 2021 a concurrir a una consulta con un médico psiquiatra, quien me diagnosticó "cuadro de ansiedad anticipatoria en torno a sus actividades laborales acompañado de angustia y disforia", indicando reposo y empezar tratamiento especializado, es decir, terapia con un psicólogo, e incluso tomar medicación antidepresiva por unos meses. Fueron momentos para tomar distancia, replantearme mi vocación, mi deseo de continuar dentro de una institución educativa. Me siento agradecida con los terapeutas que me acompañaron y me guiaron durante casi dos años de licencia psiquiátrica a que yo misma recupere la estima por mis capacidades. Ellos, el psicólogo y el psiquiatra, se admiraban de lo que ya hacía y por los proyectos que tenía. Algunas de sus frases son: "Deberías tener tu propia escuela", "es muy interesante todo lo que sabes y propones", "quiero una escuela para mi hija como la tuya, ¿dónde está que la llevo?", "¿Tú te das cuenta de todo lo que haces y lo bien que estás fuera de la escuela?"

Casi dos años de licencia y en agosto de 2022 debo concurrir a una junta médica del Ministerio de Educación para definir "qué hacen conmigo". Me presenté con un informe de mi médico psiquiatra donde consideraba que "me encontraba capacitada para cuidar niños y dictar clases, de hecho esto era beneficioso para mi evolución". Y a la pregunta de la Junta "¿cómo te ves en 5 años?", con total seguridad respondí: "Quiero volver para hacer un cierre y renunciar porque solo me veo en mi PROYECTO, al que ya estoy dedicada y ahí sí puedo ejercer mi vocación".

A los pocos minutos, un secretario me entregó el dictamen que decía: tareas pasivas permanentes, con restricción de dictar clases, estar con estudiantes, ocupar cargos directivos y algunos detalles más. Inmediatamente llamé a la delegada del sindicato para conocer los pasos para renunciar. Los siguientes dos meses fueron de trámites, sindicato, abogadas y apelación para solicitar al Ministerio de Educación que al menos las tareas pasivas sean transitorias. La respuesta no llegaba y la burocracia y el sinsentido eran mayo-res que estar en licencia. Bastaron solo dos meses para descubrir que el sindicato trabaja para el mismo sistema...

Fui totalmente consciente de que toda una vida docente libre y sana era posible en octubre de 2022 cuando finalmente me decidí y elegí renunciar. Era un día jueves, fui al correo y entregué el telegrama, me sentía viva y radiante. Desconocía que era tan simple y tan complejo dar el primer paso tan valioso. La satisfacción de vivir de lo que me gusta, que las familias busquen docentes como yo, no tiene precio. Mi salud mental no valía ni vale un sueldo docente.

Ahora me alegra haber recuperado las ganas de realizar proyectos para las familias Unschooler, sentir que somos un equipo con los padres de niños y adolescentes, sin ver un diagnóstico, tan solo a una persona y sus potencialidades, guiarlo a desarrollar sus virtudes y acompañarlo en sus ganas de estudiar desde lo cotidiano y en familia. Ahora sí siento que me respeto y respeto los tiempos y los intereses por compartir aprendizajes. Y todos enseñamos y aprendemos.

HOY criamos y educamos junto a mi esposo a nuestra hija de 6 años, por supuesto sin escuela. HOY vivo una Pedagogía Libre, de modo consciente. HOY, a fines de 2023, paso horas disfrutando y sintiéndome cómplice de los padres que buscan una educación académica diferente. Educar sin escuela y trabajar sin escuela, para una docente como yo, es vivir la vida desde lo natural, desde la salud, desde el respeto por mí misma, para proponer a otros que se respeten y se hagan respetar.

Sonia Andrea Sánchez
Fundadora de Centro de Expresiones Lúdicas
Artísticas y Pedagógicas CELAP
www.celap.com.ar

"Demasiadas personas creen que la única forma de enseñar a un niño es obligarlo a hacer algo o darle recompensas por hacerlo. Pero hay otras formas mucho más agradables, respetuosas con el niño como ser humano y propensas a fomentar la cooperación y el crecimiento."

John Holt

"Si hay algo que deseamos cambiar en el niño, primero deberíamos examinarnos a nosotros mismos y ver si no es algo que podría cambiarse para mejor en nosotros mismos."

Carl Jung, Psiquiatra

Navegando la tormenta

Si estás leyendo este libro, es probable que seas una madre o padre que practica la crianza consciente y respetuosa. Muchas familias que desean facilitar la educación autodirigida y desescolarizar a sus hijos llegan a este punto a través de la crianza consciente. Sin embargo, para algunos de nosotros, es la pedagogía libre la que nos ha guiado hacia la crianza consciente. Estos dos conceptos están sin duda entrelazados y se complementan mutuamente.

Fui una madre autoritaria, no por elección, sino porque era lo único que conocía. Afortunadamente, cuando mis hijos tenían nueve, siete y cinco años, descubrí la vida sin escuela y la pedagogía libre. Sin darme cuenta y sin ningún conocimiento previo sobre la crianza consciente y respetuosa, me convertí inevitablemente en una madre más respetuosa. Nunca leí libros ni escuché podcasts sobre crianza consciente. Sin embargo, mi deseo de brindarles a mis hijos una educación asombrosa y adecuada para ellos me transformó notablemente. La pedagogía libre no solo mejora la educación de tu hija y tu relación con ella, sino que también te transforma a ti. ¡Incluso mejora tu matrimonio!

Aunque los términos "crianza consciente" y "crianza respetuosa" a menudo se confunden, es importante reconocer que existen diferencias entre estos enfoques. La crianza consciente enfatiza la autoconciencia y el crecimiento personal como pilares fundamentales en la crianza. Este enfoque te invita a examinar tus creencias, actitudes y comportamientos, y a trabajar en tu desarrollo personal para estar mejor preparada para criar de manera consciente e intencional. Además de fomentar la autorreflexión, promueve el autocontrol para responder a las situaciones de manera más calmada y equilibrada.

Por otro lado, la crianza respetuosa se basa en el respeto hacia tu hijo/a como individuo, reconociendo y valorando sus necesidades, sentimientos y opiniones. Este enfoque promueve la comunicación abierta y la empatía, permitiendo que tu hijo/a exprese libremente sus pensamientos y emociones. Además, busca establecer límites y disciplina de manera respetuosa, evitando cualquier forma de castigo físico o emocional.

La crianza respetuosa y la crianza consciente comparten un objetivo común de promover una crianza positiva e intencional, pero lo abordan desde ángulos ligeramente diferentes. Mientras que la crianza consciente se centra más en el crecimiento y desarrollo personal de los padres para criar de manera consciente e intencional, la crianza respetuosa se enfoca en el respeto mutuo entre padres e hijos, promoviendo la comunicación abierta, la empatía y el establecimiento de límites respetuosos.

Si necesitas orientación sobre cómo disciplinar a tu hija y afrontar los problemas, aquí tienes información para navegar la tormenta.

Es importante entender que cuando tu hija se porta mal, no significa que sea mala, sino que está comunicando algo. Los niños suelen comportarse mal cuando se sienten agobiados, frustrados o incomprendidos. Depende de ti, como madre, escuchar, investigar y tratar de comprender lo que tu hija está intentando expresar. El mal comportamiento es una señal de alerta que te avisa de que algo no va bien; por tanto, es fundamental prestar atención y hacer cambios. Conecta con tu hija y crea un espacio seguro para que la comunicación fluya de manera abierta. Las confrontaciones de poder y los comportamientos disruptivos desaparecerán una vez que se establezca una conexión genuina, y juntas podréis abordar cualquier problema subyacente que pueda estar contribuyendo a esos comportamientos negativos. Cuando los niños se sienten escuchados y comprendidos, es más probable que respondan de manera positiva y cooperen en lugar de recurrir a comportamientos desafiantes.

El niño al que a menudo etiquetamos como 'malo' es, en realidad, un niño en busca de libertad, autonomía y comprensión. A veces, la solución a su comportamiento es tan simple como permitirle más tiempo para jugar libremente, pero en otras ocasiones, la situación puede ser más compleja. Este niño, al que llamamos "difícil", simplemente carece de autonomía y de sentirse comprendido.

Te doy un ejemplo para que me entiendas. Imagina que estás cenando en familia y tu hija decide usar una cuchara en lugar de un tenedor para comer el pollo. Tu primera reacción podría ser decirle: 'La cuchara no es la mejor opción para el pollo; mejor usa un tenedor'. Una niña cooperativa seguirá tus instrucciones sin problema. Sin embargo, la niña más 'desafiante' se sentirá frustrada y enojada en esta situación. ¿Por qué? Porque le has privado de una experiencia. Esta niña necesita descubrir por sí misma que la cuchara no es la mejor opción para comer pollo. Debe vivir esa experiencia y aprender de los errores para entender que el tenedor es una elección más apropiada.

Este ejemplo es solo una muestra, pero piensa en esta dinámica que se repite a diario en la escuela y en casa. Las niñas y los niños necesitan experimentar la vida y adquirir conocimiento por sí mismos, aprendiendo a través de sus errores. A menudo, los adultos restringen estas oportunidades de aprendizaje, lo que genera creciente frustración en el niño, que erróneamente etiquetamos como 'mal comportado'.

Cuando más 'malos' son, más autonomía, más comprensión y más conexión necesitan. Pero no me mal interpretes, el niño callado que se porta muy bien también necesita autonomía. No te olvides del niño callado. Ambos tipos de niños, los más expresivos y los más reservados, requieren de un entorno que les brinde la oportunidad de desarrollarse de manera independiente, donde puedan explorar, cometer errores y aprender de ellos. Solo interrumpe y corrige cuando es sumamente importante para evitar que se pongan en peligro físico o emocional, o cuando sus acciones afecten negativamente a otras personas. De lo contrario, es fundamental permitirles espacio para explorar, experimentar y aprender de forma autónoma, fomentando así su desarrollo integral.

Cuando crías, es esencial estar presente, ser consciente de ti misma y prestar atención a las necesidades del niño. Comprender su personalidad única, sus intereses individuales y las etapas de su desarrollo psicológico. Este enfoque en la crianza ha ganado popularidad en los últimos años, y con razón: muestra resultados sorprendentes, especialmente cuando los hijos llegan a la adolescencia.

La crianza consciente y respetuosa es un recorrido; su cultivo requiere tiempo y dedicación. Siguiendo estos consejos, podrás establecer una relación sólida y saludable con tu hija, basada en el respeto mutuo, la empatía y la comprensión.

1. Practica la presencia: La presencia plena implica estar física y mentalmente presente con tu hija. Esto significa prestar atención activa a sus palabras, expresiones faciales y emociones. La conexión emocional que se establece cuando estás verdaderamente presente fortalece el vínculo entre ambos y promueve un sentido de seguridad para tu hija.

2. Cultiva la autoconciencia: La autoconciencia te permite reconocer cómo tus propias emociones y comportamientos pueden influir en la crianza de tu hija. Al estar consciente de ti misma, puedes gestionar mejor tus respuestas emocionales y modelar un comportamiento saludable para tu hija.

3. Promueve la comunicación abierta: La comunicación abierta y respetuosa fomenta un ambiente de confianza en el hogar. Al crear un espacio seguro donde tu hija se sienta libre de expresar sus pensamientos y sentimientos, fortaleces la relación y facilitas la resolución de conflictos de manera constructiva.

4. Practica la empatía: La empatía hacia tu hija implica intentar comprender sus puntos de vista y emociones, incluso cuando no estés de acuerdo con sus acciones. Validar sus sentimientos y mostrar comprensión fortalece el vínculo emocional y promueve una relación de confianza y apoyo mutuo.

5. Establece límites: Los límites claros y consistentes proporcionan estructura y seguridad para tu hija. Al establecer expectativas claras sobre lo que es aceptable y lo que no lo es, ayudas a tu hija a desarrollar un sentido de responsabilidad y respeto por sí misma y por los demás.

6. Promueve la independencia: Fomentar la independencia en tu hija implica brindarle oportunidades para tomar decisiones y asumir responsabilidades apropiadas para su edad y desarrollo. Al apoyarla en su camino hacia la autonomía, fortaleces su confianza en sí misma y su capacidad para enfrentar desafíos.

7. Prioriza el refuerzo positivo: Reconocer y reforzar el comportamiento positivo fortalece la autoestima y motiva a tu hija a continuar comportándose de manera positiva. El elogio y la afirmación del buen comportamiento son poderosas herramientas para construir una relación afectuosa y positiva con tu hija.

La crianza basada en el respeto es una de las mejores prácticas para fomentar el desarrollo de tu hija. Anteriormente, se creía que los hijos debían obedecer a sus padres sin cuestionar órdenes, incluso si no las comprendían. Sin embargo, la educación respetuosa rompe con este enfoque, permitiendo que los niños desarrollen sus propias ideas y cuestionen las órdenes, siempre dentro de un marco de respeto y educación.

Este enfoque se basa en la comunicación constante entre padres e hijos, tratándolos como iguales. Aunque puede plantear dificultades al corregir ciertas actitudes, es esencial dejar de lado la metodología tradicional y favorecer una comunicación fluida.

Para llevar a cabo esta forma de educar, es fundamental comprender sus fundamentos. Anteriormente, la educación se basaba en jerarquías y órdenes, fomentando el respeto hacia los mayores sin permitir el cuestionamiento. En contraste, este nuevo enfoque busca enseñar a través del diálogo y la razón, promoviendo el respeto mutuo entre padres, maestros y niños. No se apoya en el uso de castigos, sino en enseñar mediante las consecuencias, fortaleciendo así la autoestima, la tolerancia, la comunicación y la empatía desde una edad temprana.

Una ventaja clave de esta educación es que fortalece la autoconfianza de los niños, fomenta la bondad al tratar a todos con respeto, mejora la tolerancia y la empatía, y promueve la autocrítica y la autoexpresión, permitiendo que los niños expresen sus puntos de vista y pensamientos de manera razonada.

El objetivo principal es que tu hija se conozca a sí misma y tenga confianza en sus pensamientos y decisiones, lo que la ayudará a sentirse competente y segura al defender sus creencias en el futuro. Para aplicar este método, es crucial establecer límites claros, ya que el respeto se gana a través del respeto mutuo. Establecer límites brinda seguridad a los niños sin limitar su desarrollo. A menudo, se confunde el respeto con la falta de límites, pero educar con respeto implica establecer límites razonables que respeten el desarrollo y las necesidades de tu hija. Educar con respeto implica cultivar el vínculo con tu hija, respetar su ritmo de desarrollo y ofrecer una educación que tenga en cuenta sus emociones y provea herramientas para su gestión.

Los niños aprenden más a través del ejemplo que de las palabras que se les dicen. Tu hija aprenderá a tratarse con respeto y a tratar con respeto a los demás, a establecer límites y respetar los de los demás. Educar desde el respeto implica establecer límites razonables y normas significativas, transmitiéndolas a través de relaciones empáticas y democráticas, lo que fomentará valores positivos como la tolerancia a la frustración, la paciencia y la empatía, permitiendo que crezca con una base sólida de valores positivos.

Una de las razones por las cuales la crianza consciente es tan efectiva durante la adolescencia es porque promueve una relación sólida y de confianza entre padres e hijos. Los padres suelen ser la principal fuente de consuelo, orientación y apoyo cuando los niños son pequeños. A medida que los niños crecen, se vuelven más independientes y descubren su identidad. Durante este periodo, resulta complicado para las familias mantener una relación positiva con sus hijos. No obstante, la crianza consciente te ayuda a atravesar esta etapa construyendo confianza, comunicación abierta y respeto mutuo.

Otra razón por la cual es efectiva durante la adolescencia es que permite a los padres comprender los desafíos particulares de los adolescentes. La adolescencia es una etapa de cambios intensos, tanto físicos como emocionales. Los adolescentes a menudo se enfrentan a la presión de grupo, el estrés académico y la ansiedad social. La crianza consciente te ayuda a entender estos desafíos y proporciona herramientas para que tu hija los navegue con éxito.

Además, la crianza consciente promueve la autonomía y la autosuficiencia en los niños, lo cual es especialmente relevante durante la adolescencia. Los adolescentes a menudo desean intensamente independencia y autonomía, y la crianza consciente te anima a respaldar a tu hija en este proceso. Al permitir que tu hija tome sus propias decisiones y se responsabilice de sus acciones, la estás ayudando a construir una autoconfianza y autoestima sólidas.

La crianza consciente es una herramienta asombrosa para guiar a tu hija durante la adolescencia. Al establecer una relación sólida y de confianza con ella, comprender los desafíos específicos de esta etapa y fomentar su autonomía y autosuficiencia, le estás brindando las herramientas necesarias para enfrentar este período con seguridad y éxito.

Es importante tener en cuenta que la crianza consciente no es una fórmula universal. Requiere dedicación y atención constantes para adaptarse a las necesidades individuales de cada adolescente. Sin embargo, los beneficios son evidentes: los adolescentes criados de esta manera tienden a desarrollarse emocionalmente sanos, seguros de sí mismos y con éxito tanto en su vida personal como profesional.

Un consejo fundamental para criar a tu hija de manera saludable y fortalecer el vínculo con ella es empezar por ti misma. La sanación de tus heridas infantiles es clave en este proceso. Si has enfrentado traumas significativos, es prioritario abordarlos y sanarlos. Además, es esencial tratar cualquier dolor emocional que puedas llevar dentro de ti. Solo al enfrentar y transformar tu propio dolor podrás crear un ambiente de crianza equilibrado y lleno de amor para tu hija.

Sanar tus propias heridas te permitirá ser un ejemplo en el manejo de emociones, resolución de conflictos y desarrollo de habilidades emocionales. De esta manera, estarás en una posición más sólida para guiar a tu hija hacia su propio bienestar emocional y personal. No solo es importante sanar, sino también cuidarte. Si tú estás bien, será mucho más fácil ser paciente con tu hija. Si estás cansada o estás pasando por problemas económicos, de pareja o de trabajo, es posible que te sientas irritable y de mal humor, lo que puede afectar tu paciencia y tus reacciones. Por tanto, es importante que te tomes el tiempo necesario para descansar y recuperar tu energía.

Los niños aprenden sobre respeto y dignidad cuando son tratados con respeto y dignidad. ¡Es así de sencillo!

"Debes amar de tal manera que la persona a quien amas se sienta libre."

Thich Nhat Hanh

Deja que tu hija florezca tal y como es, sin intentar moldearla a tu antojo. Cuídala, pero suelta el control. Confía en mí.

"Mi consejo siempre es permitir que los intereses y las inclinaciones de los niños determinen lo que sucede, y brindarles acceso a la mayor parte de la vida de los padres y al mundo que les rodea, dentro de nuestras propias circunstancias. De esta manera, los niños tendrán la más amplia gama posible de cosas para observar y reflexionar. Observa qué cosas les interesan más y ayúdalos a seguir ese camino en particular."

John Holt

Sueños desatados

Suelta el guion mental sobre la vida que visualizaste para tu hijo. Al fin y al cabo, es su vida y es él quien debe vivirla. Evita la tentación de manipular o dirigir su camino; en cambio, permítele la libertad de elegir cómo desea vivirla.

Los sueños son un timón que guía. Cuando los padres apoyan a sus hijos en la persecución de sus sueños, se abre paso a un vasto océano de aprendizaje. No aplastes el sueño de tu hijo, incluso si consideras que es difícil de alcanzar. Deja que su visión se desarrolle de forma natural y que él mismo descubra las limitaciones que pueda encontrar. En lugar de intentar redirigirlo hacia otro rumbo, dale la oportunidad de aprender por sí mismo que algunas metas no se pueden alcanzar. Aunque algunos padres intentan redirigir a sus hijos con la noble intención de protegerlos de posibles desilusiones, la falta de apoyo resulta, en realidad, mucho más perjudicial.

Los sueños son el motor que impulsa. Tu hijo aprenderá valiosas lecciones mientras persigue sus metas. Es natural sentir preocupación al verlo intentar algo que podría no salir como esperaba. Sin embargo, recuerda que cada experiencia es una oportunidad para crecer y aprender. Lamentablemente, la noble intención de los padres de proteger a sus hijos de desilusiones perjudica una de las mayores satisfacciones de la vida: permitir que los niños aprendan y sean auténticos.

La falta de apoyo por parte de los padres puede resultar más perjudicial para los niños que el proceso natural de darse cuenta por sí mismos de que sus sueños pueden no cumplirse. Es importante permitir que los sueños se revelen gradualmente, lo que ayuda a los niños a comprenderse más profundamente a sí mismos y sus objetivos. Este enfoque fomenta un mayor crecimiento personal y desarrolla la resiliencia en los niños.

Si eres madre de un niño con un sueño ambicioso, ya sea convertirse en artista, deportista, músico, emprendedor o seguir un camino poco común, evita aplastar sus aspiraciones. No dejes que tus miedos y dudas lo influencien; en su lugar, permítele que la vida, con el tiempo, vaya moldeando sus sueños. Anímalo a explorar sus intereses y pasiones, y ofrécele tu apoyo mientras navega por los altibajos que encuentre en el camino.

No desanimes las aspiraciones de tu hijo; en su lugar, confía en sus capacidades. Dale la orientación y el apoyo necesarios para ayudarlo a alcanzar sus metas. Si se encuentra con obstáculos, anímalo a perseverar y explorar diferentes opciones. Recuerda que, con tu confianza en su potencial y tu apoyo incondicional, tu hijo puede alcanzar grandes logros y descubrir su verdadero propósito en la vida.

A muchos padres les preocupa que si sus hijos siguen sus sueños, puedan enfrentarse a dificultades económicas o incluso fracasar por completo. Por eso, en lugar de respaldar los sueños y pasiones de sus hijos, muchos padres los orientan hacia carreras más tradicionales, como obtener un título universitario.

Sin duda, es fundamental que tu hijo cuente con una educación sólida y buenas perspectivas profesionales. Pero igual de importante es que tenga la oportunidad de seguir sus sueños y cultivar sus intereses personales. Hacer que los niños abandonen sus sueños en favor de obtener un título universitario o una carrera más "práctica" genera resentimiento, frustración y falta de realización personal.

El miedo que sienten los padres proviene del amor y la preocupación por el bienestar de sus hijos. Sin embargo, es importante recordar que ellos tienen pasiones, talentos e intereses únicos. Al apoyar a tu hijo en la búsqueda de alcanzar sus sueños, le estás brindando la oportunidad de desarrollar habilidades, confianza y resiliencia, elementos fundamentales para triunfar en cualquier camino que elija.

Si tu hijo tiene un sueño al que dudas apoyarlo, haz el esfuerzo de escuchar su punto de vista y comprender sus motivaciones. Ofrece comentarios constructivos y orientación para ayudarlo a lograr sus metas en lugar de desanimarlo por completo. Anímalo a explorar sus intereses y pasiones, y ayúdalo a desarrollar las habilidades y contactos que pueda necesitar para triunfar.

Recuerda que el éxito no solo se determina por las finanzas o el estatus profesional, sino también por la realización personal y la felicidad. Al apoyar a tu hijo en su aventura para alcanzar su sueño, contribuyes a que encuentre un sentido de propósito y alegría que perdurará toda la vida.

"Es difícil no sentir que debe haber algo muy mal con gran parte de lo que hacemos en la escuela, si sentimos la necesidad de preocuparnos tanto por lo que muchos llaman 'motivación'. Un niño no tiene un deseo más fuerte que dar sentido al mundo, moverse libremente en él, hacer las cosas que ve a las personas mayores hacer."

John Holt

La manera original de aprender

Una vez, me preguntaron qué es lo que más me gustó de haber educado a mis hijos sin escuela y en libertad. Fue difícil dar una respuesta concreta porque la experiencia me ha enriquecido de todas las formas posibles. Como educadora, he aprendido muchísimo a lo largo del proceso. Como madre, esta experiencia ha transformado por completo mi mentalidad, haciéndome más feliz, tranquila y libre. Además, he tenido el privilegio de observar a mis hijos aprender sin expectativas ni comparaciones, siguiendo sus pasiones y sin prestar atención a creencias obsoletas. Han desarrollado una identidad personal firme que no ha sido moldeada por influencias externas, como yo, su padre o los profesores. Y lo mejor de todo es ver los asombrosos resultados que llegan con el tiempo. Incluso después de tanto tiempo, todavía me sorprende lo responsables e inteligentes que se han vuelto mis hijos.

Desde el día en que leí la palabra "unschool" en el libro de John Holt, donde explica y anima a las familias a no replicar la escuela en sus hogares, me cautivó. Hizo clic en mi mente, tenía tanto sentido y me encantó. Sin embargo, es una palabra que inquieta a muchas personas y genera una impresión equivocada. No es necesario que utilices esa palabra ni que etiquetes la educación de tus hijos. No obstante, si sientes la necesidad de emplear un término, tienes una variedad de opciones disponibles, como educación autodirigida, educación sin escuela, educación libre, educación guiada por el niño, educación guiada por los intereses, currículo personalizado, aprendizaje libre, aprendizaje natural... ¡Lo que tú quieras! Si prestas atención, te darás cuenta de que todos estos enfoques enfatizan el regreso a la forma original y natural de aprender.

No permitas que una palabra alarmante te detenga. Llámalo como quieras. Lo importante es que no sigas el modelo de la escuela. ¿Por qué? Porque la escuela está diseñada pensando en un niño estándar. ¿Existe tal niño? Una educación que se planifica antes de conocer al niño termina siendo un gran desastre. Tu hija necesita una educación adaptada a sus necesidades. Solo así será asombrosa.

Los niños no necesitan la escuela. Lo que necesitan es espacio para explorar y tiempo para pensar. Aquellos que intentan controlar el aprendizaje de los niños no comprenden el verdadero sentido de aprender. El auténtico aprendizaje profundo y significativo no puede ser micromanipulado. Necesita espacio para respirar y crecer. Si educar a tu hija se convierte en un problema constante, día tras día, te recomiendo darle mucho tiempo libre y permitirle probar toda clase de actividades. Con el tiempo, descubrirá sus talentos y preferencias. Si notas llanto, enfado, frustración o gritos mientras enseñas, cambia de método. Aprender es divertido y a los niños les gusta aprender.

La educación autodirigida es eficaz porque te permite respetar el nivel de desarrollo de tu hija. Recuerda que los niños aprenden de manera innata. Solo necesitan tiempo, espacio, apoyo y la oportunidad de explorar el mundo que les rodea. La educación libre permitirá que tu hija se convierta en un individuo único. Le proporcionará una esencia auténtica que la respaldará en momentos de dificultad y le ayudará a descubrir valores que la guiarán a lo largo de su vida.

Cuando los niños se hacen cargo de su educación, están asumiendo responsabilidad por sus vidas. Su sed de conocimiento se vuelve insaciable y trabajan con diligencia y esfuerzo para triunfar. Observar este nivel de dedicación y auto-motivación es realmente inspirador. Y cuando se sienten reconocidos y valorados en su esencia, los empoderas. Acepta y ama a tu hija tal y como es, y la verás convertirse en su versión más auténtica y extraordinaria. Ahora ya sabes el secreto para triunfar.

Este cambio de mentalidad y forma diferente de educar tendrá un impacto positivo en tu vida. No solo en términos educativos, sino en todos los aspectos. Cambiará la forma en que vives, en cómo piensas y en cómo percibes el mundo.

Estoy escribiendo las últimas páginas de este libro en Europa, lejos de casa, mientras mi hija está siendo entrevistada y observada en una audición, mostrando sus increíbles habilidades en la cuerda. Es un día tan emocionante que ni siquiera puedo salir a visitar la ciudad. Prefiero estar aquí contigo.

Querida amiga, confía en que tu hija puede dirigir su propia educación y aprender sin necesidad de seguir el camino convencional de la escuela. Confía en que su juego la llevará al aprendizaje, despertando intereses y pasiones que, con el tiempo, la conducirán hacia su futura carrera. Sustituye el currículo escolar por la curiosidad de tu hija.

Querida mía, confía y otorga autonomía y oportunidades a tu hija, e introdúcela a todo lo posible para que pueda llegar a ser y hacer lo que quiera. Muchas familias me han preguntado: "¿Cómo? ¿Pero cómo? ¡Cuéntanos!" Espero que este libro te haya sido útil. Explicar paso a paso y ofrecer un manual detallado de la pedagogía libre es bastante difícil. No existe una guía o currículo establecido. Y precisamente esa es la idea. Tu guía a seguir es tu hija. Cada niña y niño es el currículo. Observa a tu hija; ella te indicará lo que necesita.

No puedes anticipar cómo evolucionará este camino educativo. Prepárate para lo inesperado. A lo mejor será bonito o, quizás, tremendamente aburrido, pero tendrá un final asombroso. Venga, concéntrate en los objetivos de tu hija y ayúdala a alcanzar lo que desea. Sé que da miedo soltar lo que crees que es normal. Yo también lo sentí. Espero que este libro te proporcione las herramientas necesarias para confiar en que tu hija aprenderá por su cuenta. Te está esperando a que la dejes. Los beneficios valen mucho la pena.

Le di a mi hija todo lo que pude. Ahora le toca alzar el vuelo. ¿Quieres saber si la aceptaron en la universidad?

Pasa de página…

¡Sí!

Ahora soy madre de un escritor y una atleta profesional. ¿Quién iba a imaginar que mi hijo sería un autor excepcional y mi hija una aerealista extraordinaria? ¡Qué ganas tengo de ver qué más hará mi hijo menor, el unschooler que fue a la escuela!

"Resulta difícil nadar contra corriente y enfrentar críticas negativas o juicios de otras familias. Sin embargo, algunas lo hacen, y si suficientes personas comienzan a nadar contra la corriente, el río puede cambiar su curso."

Peter Gray

Miedos y mitos desenmascarados

La infancia es un tiempo para ser niños, para explorar el mundo con curiosidad y alegría. Los niños parecen salvajes y despreocupados, ruidosos y autoimpulsados, ¡porque lo son! Son seres humanos con emociones, pensamientos y habilidades inmaduras, y están destinados a ser así.

La sociedad convencional, aquella que intenta inculcar en los niños cierta normatividad, se equivoca. No deberían sentir la presión de ser mini adultos bien disciplinados, ni ser moldeados para encajar en un molde preestablecido. Han nacido para encontrar naturalmente su camino en la vida, confiando feliz y saludablemente en aquellos que los hacen sentir vistos, escuchados y comprendidos.

Este es el verdadero propósito de la educación.

Cuando educas a los niños fuera del ámbito escolar convencional, se pueden observar resultados sorprendentes. No intentan encajar, ni siguen modas que carecen de sentido, ni pretenden ser quienes no son... Representan la definición más auténtica y hermosa de lo que debería ser la infancia.

Y así es como estamos transformando la salud mental de las generaciones futuras: al respetar la naturalidad de las niñas y niños, permitiendo que jueguen, griten y corran libremente, sin separar el aprendizaje entre la vida y la escuela, sin fragmentarlo entre asignaturas y años, y sin etiquetar la diversidad.

¿Cómo socializan? ¿Cómo funcionarán en el mundo real cuando crezcan?

"Creo que los aspectos de socialización en la escuela son diez veces más propensos a ser perjudiciales que útiles. Las virtudes humanas, como la bondad, la paciencia, la generosidad, etc., son aprendidas por los niños en relaciones íntimas, quizás en grupos de dos o tres. En general, los seres humanos tienden a comportarse peor en grupos grandes, como los que se encuentran en la escuela. Allí aprenden algo bastante diferente: popularidad, conformidad, intimidación, burlas, cosas así."
John Holt

Educar a tu hijo en libertad significa permitirle ser él mismo y aprender y experimentar cada día de la vida. Lo contrario de aislarlo y protegerlo del mundo.

Muchos piensan que si los niños no van a la escuela, no podrán desarrollar habilidades sociales adecuadas ni aprender a relacionarse con los demás. Se imaginan que pasan todo el tiempo estudiando en casa, aislados y sin amigos con quienes jugar.

Tu hijo dispone de más tiempo para participar en actividades comunitarias y jugar con otros niños, ya que no pasará siete horas al día sentado en un aula. Además, tendrá más oportunidades para interactuar con niños y adultos de todas las edades y géneros, así como con diversos intereses, lo cual es fundamental para su aprendizaje.

Socializar significa participar en actividades sociales, interactuar con otras personas y comportarse de manera adecuada en la sociedad. Tu hijo adquirirá todas estas habilidades, ya que el entorno principal de socialización es la familia. Al participar en fiestas con amigos, eventos familiares, clases, practicar deportes o simplemente salir a la calle y realizar tareas cotidianas como ir al supermercado, tu hijo aprenderá a socializar de manera natural mientras interactúa con las personas que lo rodean.

Tu hijo desarrollará habilidades sociales a través de una variedad de relaciones con adultos y niños de diferentes edades. Cuando participéis en actividades grupales con otras familias que educan en casa, observarás que los padres están presentes y altamente involucrados. En caso de surgir algún problema, los padres están disponibles para intervenir y guiar. Esto proporciona numerosas oportunidades para que tu hijo observe habilidades sociales adaptativas y las ponga en práctica. Gracias a este constante modelo y apoyo de los adultos, los niños desarrollan habilidades sociales que les permiten establecer relaciones saludables y satisfactorias con personas de todas las edades y orígenes.

"La investigación demuestra claramente que cuanto más rodeados estén los niños de grandes grupos, menos oportunidades tendrán para un contacto social significativo."
Dr. Raymond S. Moore

Estar en un aula con otros 30 niños de la misma edad no es necesariamente lo óptimo para una buena socialización. De hecho, es contraproducente para el desarrollo de habilidades sociales sólidas.

"Los padres y educadores a menudo hablan de la sociabilidad, pero a veces olvidan diferenciar el tipo de sociabilidad que es más beneficioso. Los niños que se sienten necesarios, queridos y desempeñan un rol en su hogar tienen más probabilidades de desarrollar una autoestima sólida y un sistema de valores estable, que son ingredientes esenciales para una sociabilidad positiva. Una de las mejores formas en que los padres pueden contribuir al desarrollo social de sus hijos es involucrándose en las tareas y actividades diarias del hogar"
Dr. Raymond S. Moore.

Las interacciones familiares desempeñan un papel crucial en el desarrollo de las habilidades sociales. Es en el hogar y en el entorno familiar donde estas habilidades se ponen a prueba al máximo. Si aún tienes preocupaciones sobre la socialización de tu hijo, te sugiero visitar la escuela secundaria o preparatoria de tu vecindario y observar las interacciones y comportamientos.

A menudo se asume que los niños educados en casa son como plantas cultivadas en un invernadero y que, tan pronto como se exponen al mundo exterior, se debilitarán. Sin embargo, es importante tener en cuenta que, es difícil cultivar una planta sana en un suelo tóxico. Todos los niños necesitan un entorno enriquecedor a medida que crecen. Un ambiente saludable nutre sus mentes y corazones, brindándoles la fortaleza necesaria para enfrentar los desafíos al adaptarse al mundo exterior y desarrollarse fuertes y saludables.

Las familias que eligen educar fuera del sistema escolar no se aíslan de la sociedad; mantienen interacciones con personas fuera de sus hogares. La amistad y la interacción social son vitales, pero igual de importante es respetar las necesidades individuales de cada niño, ya sea introvertido o extrovertido. Es esencial adaptarse al ritmo de cada niño.

Es imposible no socializar cuando vives en sociedad. Cada semana, en tu vida cotidiana, interactúas, conversas, te encuentras, te mezclas y te relacionas con los demás, mostrando tu naturaleza sociable. Una de las ventajas de adaptar la educación de tu hijo es que también puedes personalizar su experiencia de socialización. Algunos niños disfrutan de una vida social sencilla y tranquila, mientras que otros necesitan una vida social más activa y un calendario muy ocupado.

No te preocupes por la socialización; hay diversas formas y oportunidades para que tu hijo tenga interacciones positivas fuera del entorno escolar. Anima su participación en actividades extracurriculares y ofrece libros o películas que fomenten una socialización saludable. Los beneficios de la interacción social que experimentan los niños educados fuera de la escuela son uno de los resultados más valiosos de la educación en libertad. Si te preocupa cómo hará amigos, tranquila, lo hará. Aunque cada situación es única, así es como los niños suelen hacer amigos:

- Vecinos jugando en la calle.
- Parque del vecindario, piscina, centro cívico, biblioteca.
- Actividades extracurriculares, clases de arte, teatro o manualidades, escuelas de música, danza, deportes, clubes.

- Campamentos de verano, campamentos en invierno y primavera.
- Voluntariado en una organización.
- Grupos y cooperativas de educación en casa.
- Iglesia o centro comunitario.
- Encuentra o crea una comunidad.
- Eventos y fiestas familiares, y de la comunidad (biblioteca, museos)
- Programas de intercambio cultural o idiomas.
- Y sobre todo: siguiendo sus intereses.

La realidad es que seguir los intereses de tu hijo te llevará naturalmente hacia actividades y lugares donde pueda hacer amigos. Además, si vives en un vecindario con un parque o una plaza llena de niños y niñas jugando, será fácil hacer amistades. Pero si no es el caso, siempre puedes esforzarte por llevar a tu hijo a parques donde sepas que hay movimiento y otras familias con las que compartir momentos especiales.

Ya verás qué versátil y socialmente competente va a ser tu hijo cuando le des la oportunidad de crecer y aprender en libertad. Será más seguro de sí mismo y dependerá menos de sus compañeros en comparación con los estudiantes educados de manera convencional. Deja atrás el mito de que los niños que no van a la escuela son raros y antisociales, ya que estos niños existen en cualquier entorno educativo, ya sea en una escuela o en educación en casa.

Una educación libre ofrece a tu hijo la mejor manera de aprender a socializar. ¿Qué mejor forma de practicar la interacción social y comprender cómo comportarse en la sociedad que vivir en ella día a día? Cuando crezca, estará preparado para enfrentarse al mundo con confianza, habiendo pasado más tiempo aprendiendo y sumergiéndose en él, en lugar de estar confinado a las paredes de un aula.

"Mi hija es muy tímida, por eso no la voy a educar en casa. Necesita ir a la escuela para socializar."

¡Cuántas veces he escuchado eso y me dan ganas de exclamar: ¡no! Una cosa no tiene nada que ver con la otra. El niño tímido, el niño introvertido y aquel al que no le gusta socializar mucho, no va a mejorar su sociabilidad en la escuela. Seguirá siendo tímido, continuará siendo poco sociable e introvertido. Educarlo en casa no lo volverá más tímido, más introvertido ni menos sociable.

Ir a la escuela no garantiza una mejor socialización para una persona tímida. En casa, puedes enfocarte en experiencias de calidad, fomentando conexiones significativas en lugar de la cantidad de interacciones superficiales que pueden ocurrir en un entorno escolar. Es un mito común pensar que la escuela es la única manera de mejorar las habilidades sociales de un niño tímido. En realidad, la socialización es una habilidad que se desarrolla de diversas maneras y no está exclusivamente vinculada al entorno escolar.

La educación en el hogar proporciona un entorno más íntimo y seguro donde tu hija puede sentirse cómoda para expresarse. La confianza en sí misma es fundamental para el desarrollo de habilidades sociales saludables. Educar en casa permite adaptar el aprendizaje social a las necesidades individuales del niño. Puedes proporcionar oportunidades de socialización que se ajusten al ritmo y estilo de tu hija, favoreciendo un desarrollo más natural de sus habilidades sociales. En casa, puedes trabajar de cerca en el desarrollo de las habilidades de comunicación de tu hija, ayudándola a expresarse y relacionarse de manera efectiva cuando esté lista para hacerlo.

Respeta la introversión. Ser introvertido no es un defecto; es simplemente una variante natural de la personalidad. La educación en casa permite respetar y comprender la naturaleza introvertida de tu hija sin presiones externas para que se comporte de manera diferente.

Educar sin escuela es beneficioso para el desarrollo social del niño tímido, respetando su personalidad única y permitiéndole crecer a su propio ritmo. La habilidad para relacionarse adecuadamente se nutre a través de experiencias significativas y relaciones auténticas, algo que a menudo los niños tímidos no encuentran en el entorno escolar.

¿Pueden ir a la universidad?

¡Claro que sí! Si un joven está interesado en seguir su pasión y opta por el camino universitario, simplemente seguirá los pasos y requisitos necesarios para ingresar. Las universidades están abiertas a estudiantes educados de forma alternativa. Muchos jóvenes que han recibido una educación no convencional han accedido a la universidad sin dificultades gracias a su madurez, habilidades de pensamiento independiente, creatividad y una sólida base académica.

Cada universidad tiene sus propios criterios para aceptar estudiantes, ya sean provenientes de escuelas convencionales o educados de manera diferente. Para guiarte en este proceso, sigue las instrucciones de la página web de admisiones de la universidad.

Por ejemplo, en la página de admisiones de Harvard se indica que tratan a los estudiantes educados en casa de la misma manera que a cualquier otro solicitante, y aceptan los expedientes académicos creados por las familias.

Es esencial investigar las reglas del proceso de admisión, ya que cada universidad tiene sus particularidades. Algunas requieren información específica para los estudiantes que fueron educados en casa. En Estados Unidos, las familias que educan en casa elaboran el expediente académico de la escuela secundaria y los estudiantes se presentan a las pruebas SAT y ACT al igual que cualquier otro estudiante. Sin embargo, muchas universidades ya no exigen estos exámenes, y en algunas es opcional. En otros países, las familias recurren a una escuela "sombrilla" de Estados Unidos para obtener el expediente académico. A través de la embajada u otras organizaciones, lo revalidan en su país y luego el estudiante se presenta a las pruebas de acceso de forma independiente. Además, algunas universidades ofrecen apoyo para obtener el título de bachillerato y facilitan el acceso a la educación superior.

Cada país tiene sus propias normas y procedimientos para acceder a la universidad. Sin embargo, si la única opción para que tu hijo entre a la universidad es haber asistido a una escuela, entonces hará lo necesario y se inscribirá en una. Es importante tener en cuenta que las universidades solo solicitan el expediente académico de la escuela secundaria. Si la escuela pública no es una opción viable y tu presupuesto no alcanza para una escuela privada, considera la opción de una escuela privada en línea, que suele ser más accesible. Además, en algunos lugares, estados y países, existe la posibilidad de acceder a la educación pública en línea.

Cuando un adolescente quiere ir a la universidad y tiene que pasar el examen de acceso, se pone a estudiar el material específico para este examen. En España, por ejemplo, existen programas para ayudar a estudiar como www.educalive.com. En Chile cuentan con www.e-college.cl y la Universidad Nacional Autónoma de México ofrece estudiar el bachillerato a distancia.

Siempre hay alguna manera de encontrar el camino que tu hijo desea seguir. Por ejemplo, puedes comenzar a estudiar en una universidad donde los requisitos de admisión son tener 16 años, contar con un historial académico y sin necesidad de realizar un examen de ingreso, como en la Universidad en línea University of the People (www.uopeople.edu). Una vez dentro del sistema universitario, tienes la posibilidad de transferirte a otra universidad.

Solo las personas adineradas pueden permitirse el lujo de quedarse en casa y educar a sus hijos. Quienes trabajan, no cuentan con esa posibilidad.

Algunas personas piensan que solo aquellos con muchos recursos pueden permitirse educar a sus hijos en casa, pero la realidad es diferente. Muchas familias que eligen esta opción tienen ingresos modestos. No importa tu situación económica o laboral, si quieres puedes educar a tu hijo sin escuela. ¡Incluso si estás ocupada con tu carrera profesional!

Muchas familias combinan el trabajo con la educación en casa de sus hijos. Entre ellas se encuentran aquellas con negocios propios, parejas que coordinan sus horarios laborales para garantizar la presencia de un adulto en el hogar, madres que optan por trabajos remotos con horarios flexibles, así como freelancers y emprende-dores. He tenido el placer de conocer a peluqueras, propietarias de negocios (desde té, velas y jarabe de arce, hasta ropa y ser-vicios de transporte), administradoras de redes sociales, editores y traductores, maestras que imparten clases en línea, profesoras uni-versitarias, vendedores en plataformas como eBay, autoras y confe-renciantes, chefs, personal del aeropuerto y enfermeras, quienes han educado de manera asombrosa a sus hijos sin asistir a una escuela.

Y aquellos padres y madres con trabajos exigentes y horarios inflexibles, como abogados y médicos, a menudo buscan ayuda ex-terna para la educación en casa de sus hijos. Contratan a niñeras, maestras jubiladas u otras madres que se dedican a la enseñanza en casa, o bien optan por inscribir a sus hijos en centros de educación autodirigida y libre.

Busca recursos y sé creativa. Si es posible, pregunta en tu trabajo si puedes optar por el teletrabajo o contrata a alguien que respete la continua exploración de tu hijo. Asegúrate de que fomente su curiosidad por la vida, por las personas y por cómo funcionan las cosas.

Y no lo vas a creer, pero también hay mamás solteras que tra-bajan y educan a sus hijos en casa. Se organizan de tal manera que logran combinar el trabajo, la crianza y la educación. Son mujeres realmente admirables. Te presento a dos ejemplos inspiradores: Nayeli de Paz, psicóloga educativa en México, la puedes encontrar en redes sociales donde comparte su experiencia sobre crianza; y Silvia, profesional en la industria del turismo, cuyo trabajo puedes conocer en www.silviaromeroexplorer.com.

Antiguamente, las familias que optaban por la educación en casa solían colaborar entre sí, turnándose para cuidar de los hijos mientras los padres trabajaban. Hoy en día, la enseñanza en el hogar ha evolucionado considerablemente, y empresas y negocios ofrecen una variedad de recursos de apoyo, tales como centros cívicos, microescuelas y laboratorios de aprendizaje libre. Incluso existen lugares maravillosos, como www.moonrise.com, que brindan opciones para el aprendizaje libre y autodirigido, donde puedes dejar a tus hijos varios días a la semana.

Me preocupa no estar lo suficientemente capacitada para educar a mis hijos.

La cantidad de madres que me escriben para compartir sus inseguridades sobre su capacidad para educar a sus hijos me hace reflexionar sobre la frase de John Holt: 'En gran medida, la escuela es un lugar donde los niños aprenden a ser tontos'. Es impactante, pero cierto. ¿Cómo es posible que hayamos asistido a la escuela para aprender y, sin embargo, nos sintamos incapaces de enseñar a nuestros propios hijos?

He escuchado muchas veces estas palabras de personas que han asistido al colegio y creen que no son lo suficientemente inteligentes. No cometas el error de enviar a tu hijo al mismo sistema escolar del que, según tú, no obtuviste inteligencia.

Los adultos en tu vida, sin darse cuenta, sofocaron tu curiosidad y tus intereses. Los maestros de escuela te enseñaron lo que ellos consideraban importante, sin tomar en cuenta tus inquietudes, y con el tiempo, tu curiosidad se fue apagando. Y sin curiosidad, el aprendizaje se ve obstaculizado. Ahora que eres consciente de este problema, evita repetir lo mismo con tu hijo. Deja que su curiosidad sea la guía de su aprendizaje. No caigas en el mismo patrón que experimentaste en la escuela.

Yo tampoco me sentí muy inteligente cuando empecé a educar en casa a mis hijos, pero poco a poco, junto a ellos, fui adquiriendo conocimientos y todavía sigo aprendiendo. Descubrí que aprender no es aburrido ni difícil, sino que es una experiencia divertida y sencilla cuando sigues tus propios intereses.

Si crees que no eres muy inteligente y que tienes pocos conocimientos, ¡no te preocupes! Aprenderás junto con tu hijo. Por ejemplo, yo no sabía casi nada de historia, pero aun así fui capaz de proporcionarle recursos para que mi hijo aprendiera sobre su interés favorito. De hecho, terminó enseñándome a mí, y todavía continúa haciéndolo. Créeme, no necesitas ser un genio; todos estamos capacitados para educar a nuestros hijos porque no se trata de adoctrinarlos, sino de potenciar su desarrollo intelectual. Lo importante no es ser extremadamente inteligente, sino ser ingeniosa y creativa a medida que tu hijo avanza en su aprendizaje, encontrando soluciones y recursos para satisfacer sus necesidades. Es fundamental ser honesta y humilde, y aprender juntos. No tengas vergüenza de admitir que no sabes algo; yo les he dicho a mis hijos miles de veces: "No lo sé, no tengo ni idea. Vamos a investigarlo."

Tengo miedo.

Es natural sentir miedo. Hemos sido condicionados a creer que solo en la escuela los niños pueden aprender, y que los padres no saben cómo educar a sus hijos. Sin embargo, nuestra verdadera libertad comienza cuando enfrentamos ese miedo. No tengas miedo de educar a tu hijo fuera del sistema escolar. Ten miedo de enviarlo a un sistema que está decepcionando a tantos niños y familias.

Empápate de información. Lee tantos artículos como puedas sobre pedagogía libre y educación autodirigida. Asiste a conferencias o escucha podcasts sobre el unschooling. Conversa con otras familias expertas en el tema y sumérgete en libros para ir fortaleciendo tu confianza. Verás cómo tu miedo desaparecerá tan pronto desescolarices tu mentalidad.

Recuerda esto siempre que tengas dudas o miedo: Aprender es innato en nosotros, los seres humanos. Es algo que tu hijo quiere y disfruta hacer. No es necesario manipularlo. Es asombroso lo que sucede cuando permites que tu hijo aprenda de forma natural, a su propio ritmo, siguiendo su curiosidad y brindándole oportunidades para explorar sus intereses.

Cambia tu forma de pensar. Olvida la idea de que un niño de cinco años debería saber el abecedario. Deja atrás la expectativa de que en segundo grado deben deletrear palabras correctamente. Abandona la noción de que en quinto grado se supone que deben aprender fracciones. Olvida la creencia de que ir a la universidad es mejor que trabajar en un supermercado. Deja de lado todas estas ideas preconcebidas. No ir a la universidad no es el fin del mundo; al contrario, es el comienzo de uno nuevo.

Los niños tienen la capacidad de aprender cualquier cosa que se propongan en un corto período de tiempo, rápido y eficientemente, incluso a una edad más avanzada.

Tómatelo con calma, confía en el proceso, confía en que los niños aprenden. Confía en tus instintos. Pruébalo. No tienes nada que perder al intentarlo. Ten en cuenta que si por alguna razón tu hijo necesita aprender todas las materias académicas, solo se necesita un año o dos para lograrlo.

Muchas personas creen que el éxito en la vida depende de que los niños asistan a la escuela y se esfuercen en tareas y proyectos. Sin embargo, esto no es necesariamente cierto para todos. ¿Prefieres que la escuela enseñe a tu hijo de manera pasiva, lo que resulta en el olvido de lo aprendido en pocos meses? ¿O deseas que tu hijo desarrolle un amor por el aprendizaje, disfrutando siempre del proceso y, por ende, reteniendo todo lo que aprende?

Los niños aprenden mucho simplemente viviendo la vida y, cuando tienen la libertad de jugar y dirigir su propio aprendizaje, se convierten en auténticas máquinas de aprendizaje inagotables. Sin embargo, para muchas familias trabajadoras, la necesidad de que sus hijos estén en algún lugar mientras los padres trabajan es innegable. Lamentablemente, los lugares a los que asisten los niños en la actualidad no fomentan su educación; más bien, suelen apagar su curiosidad y su deseo innato de aprender.

Hemos perdido de vista la forma natural de criar a las niñas y niños. Utiliza lo antiguo como tu nueva guía. La decisión de no escolarizar a tu hijo no es una idea extraña o radical; por el contrario, ha sido una práctica común a lo largo de la historia humana. Dejar a tu hijo en manos de extraños para que lo adoctrinen es lo verdaderamente extraño y radical.

También es radical segregar a los niños por edad. Si los profesores, directores de escuela y funcionarios educativos comprendieran realmente la educación, sabrían lo importante que es mezclar edades para enriquecer el aprendizaje. Y radical también es presionar a los estudiantes para que hagan las tareas de manera perfecta. Esta ansiedad dificulta el aprendizaje y, como resultado, muchos niños son etiquetados con "trastornos de aprendizaje". Las evaluaciones, las expectativas y la inhibición impactan negativamente en el aprendizaje. Es indignante etiquetar desfavorablemente a tantos niños.

Me resulta extraño que los maestros no comprendan que la libertad y la oportunidad son claves en la educación. Resulta extraño que no entiendan que jugar es la mejor manera de desarrollar la responsabilidad personal, el autocontrol y la sociabilidad, habilidades naturales para los seres humanos. Amiga, no temas educar de manera diferente a lo convencional; más bien, teme que tu hijo no tenga la oportunidad de jugar durante su infancia.

Cuando rompes patrones, estás haciendo las cosas de manera diferente, y debido a eso, a veces te sientes como si estuvieras haciendo las cosas mal, al estar en desacuerdo con la mayoría. Sin embargo, una lección que he aprendido es que no te puedes equivocar siguiendo los intereses y la curiosidad de tu hijo. Estos marcan el camino y son clave para su éxito. Lo que me ayudó a eliminar dudas y preocupaciones mientras educaba libremente a mis hijos fue enfocarme en dos aspectos importantes:

1. Observé a adultos que recibieron educación fuera del sistema escolar. Algunos encontraron empleo, otros asistieron a la universidad, pero lo bonito fue ver que todos llevan vidas plenas. Son personas inteligentes, respetuosas y sumamente curiosas.

2. Reflexioné sobre mi experiencia educativa en el sistema escolar. Simplemente, para mí no funcionó.

Después de una década viviendo este camino poco convencional, me sorprende que la mayoría de la sociedad no cuestione la educación en el sistema escolar para sus hijos. Muchos confían en ella simplemente porque es lo que se considera normal. Es natural que surjan dudas en ti, a pesar de haber investigado y saber que permitir que los niños sigan su curiosidad e intereses, tengan autonomía y aprendan a su propio ritmo es la mejor manera de educarlos. Estás desviándote de ese patrón establecido.

Quizás esta perspectiva te ayude: No lo llames educación sin escuela o aprendizaje libre. Llámalo educación privada con un plan de estudios 100% adaptado a las necesidades, la curiosidad y los intereses de tu hijo.

No puedes anticipar cómo será el resultado final de la aventura de vivir y crecer sin escuela. Es como unir los puntos en esos libros de colorear para niños. Al principio, la imagen parece extraña y difícil de imaginar, sin tener idea de cómo será. Pero conforme vas uniendo cada punto, llegas al último y, de repente, ves claramente la imagen completa. Todo cobra sentido y comprendes por qué uniste cada punto. Eso me ocurrió cuando mi hijo se convirtió en novelista y mi hija en aerealista. Con mi hijo más joven, todavía estoy tratando de descubrir qué imagen están intentando dibujar estos puntos. Prepárate para lo inesperado. Puede ser una aventura preciosa con un final asombroso.

¡Di adiós a la escuela y vive tu vida!

Solo los maestros pueden enseñar. Tú no sabes enseñar. ¡Qué locura!

"Las escuelas están diseñadas bajo la suposición de que hay un secreto para todo en la vida; que la calidad de vida depende de conocer ese secreto; que los secretos solo pueden conocerse en sucesiones ordenadas; y que solo los maestros pueden revelar adecuadamente estos secretos. Una persona con una mente escolarizada concibe el mundo como una pirámide de paquetes clasificados accesibles solo para aquellos que llevan las etiquetas adecuadas."
Ivan Illich

Da igual lo que hagas, siempre habrá personas que te juzgarán. Algunos criticarán tu elección de trabajo, tus relaciones amorosas e incluso la forma en que cuidas a tu perrito. Siempre habrá quienes encuentren algo negativo que decir. Las mentes cerradas siempre tienen la boca abierta. Sin embargo, las personas con mente abierta y un conocimiento más amplio no te juzgarán. Suelen ser más empáticas y comprensivas, saben que cada uno tiene sus propias circunstancias únicas y experiencias que influyen en sus elecciones y acciones. Los que te juzgan probablemente tienen inseguridades acerca de sí mismos o de sus propias capacidades, y obviamente carecen de conocimiento acerca de cómo aprenden los niños.

Ya está más que comprobado que los métodos alternativos de educación son efectivos. No es necesario explicar tu elección una y otra vez a otras personas. Es tu decisión cómo criar a tu hijo, de hecho, es un derecho humano elegir el tipo de educación que deseas para tu hijo, al igual que es un derecho humano elegir la educación que deseas para ti mismo.

Cada vez son más los maestros que, desilusionados con el sistema educativo, abandonan sus puestos. Y a la misma vez, más centros que ofrecen educación libre y autodirigida están apareciendo. Este movimiento, que apuesta por la libertad y el potencial innato de los niños, está creciendo.

Numerosas familias han logrado educar a sus hijos con éxito sin ser profesionales de la enseñanza. Los que critican este enfoque es porque no están preparados para cambiar su mentalidad. Confunden la buena educación con la idea de moldear a los niños en un modelo estándar, ajustándose a criterios preestablecidos. No saben que una buena educación implica nutrir el desarrollo natural y las cualidades especiales de cada niño. No se necesita ser un profesional de la educación para guiar el aprendizaje de tu hijo.

Este movimiento es una ola de cambio que transforma el futuro de la enseñanza. Cada vez más familias se suman a esta corriente, impulsadas por el deseo de ofrecer a sus hijos una educación más rica, humana y acorde con las necesidades del siglo XXI.

Aunque la educación sin escuela no es una idea nueva, su popularidad ha crecido significativamente en los últimos años gracias a su enfoque adaptable e individualizado. Esta manera de vivir permite a los niños descubrir el mundo y adquirir conocimientos a través de diversas vías, en vez de depender únicamente de los métodos escolares convencionales.

Es una pedagogía que fomenta el apoyo de los padres para que los niños lideren su propio aprendizaje, animándolos a investigar y descubrir su entorno en lugar de seguir un plan de estudios fijo. Esto significa que los niños pueden ser creativos, curiosos y activos mientras aprenden sobre el mundo que los rodea. Es una forma asombrosa de educar a tu hijo. No te preocupes por lo que piensen los demás.

Tengo miedo de que lo vaya a hacer mal porque no sé enseñar; no tengo formación de maestra.

"Es hora de que enfrentemos directamente el hecho de que la enseñanza escolar institucional es destructiva para los niños."
John Taylor Gatto

Los maestros enseñan, pero no todos los niños aprenden. Quiero que tengas muy presente lo que te voy a decir. Muchos niños no captan en clase lo que el maestro enseña. Por eso, muchas madres y padres buscan frenéticamente en internet cada noche, tratando de ayudar a sus hijos con las tareas escolares y aclarar lo que el niño no entendió en clase.

También, quiero que tengas en cuenta que muchos niños van a clases particulares porque han suspendido una materia que precisamente fue enseñada por un maestro. No, amiga, no te preocupes si no eres maestra. No necesitas ser maestra para que tu hijo aprenda y reciba educación. Observando a tu hijo, aprenderás cómo prefiere aprender y cómo prefiere que se le enseñe.

¿Cómo aprenderá mi hijo TODAS LAS ASIGNATURAS?

"Cualquier niño que pueda pasar una hora o dos al día, o más si lo desea, con adultos a quienes aprecie, que estén interesados en el

mundo y disfruten hablando de él, aprenderá la mayoría de los días mucho más de sus conversaciones de lo que aprendería en una semana de escuela."
John Holt

A menudo, nos preocupa que nuestros hijos puedan carecer de conocimientos en una o más asignaturas. Pero la falta de conocimientos en una asignatura no significa necesariamente que tus hijos la necesiten. Recuerda que todos aprendemos de manera natural, y no solo adquirimos lo que queremos, sino también lo que necesitamos a medida que avanzamos en la vida.

La educación convencional organiza el aprendizaje por asignaturas. Sin embargo, esto no siempre refleja cómo aprendemos de manera natural. El aprendizaje surge de forma espontánea cuando descubrimos un área de interés personal. Al explorar este interés, vamos adquiriendo conocimientos de otras asignaturas que se interconectan. Aprender a través de un área de interés nos permite desarrollar un entendimiento más profundo y rápido de lo que podríamos imaginar.

Una parte fundamental de la educación libre radica en participar en actividades reales no porque se espera que sean beneficiosas, sino porque son intrínsecamente fascinantes. Este concepto puede resultar difícil de comprender para aquellos que crecieron dentro del sistema escolar, ya que no están acostumbrados a esta perspectiva. No se dan cuenta de que las "asignaturas" están interconectadas, y solo se dividen artificialmente debido a decisiones organizativas.

Puedes aprender a leer y escribir mientras sigues tu interés en ciencias. Puedes aprender historia mientras exploras tu pasión por la música. Puedes aprender matemáticas mientras juegas. Puedes adquirir conocimientos de ciencias mientras profundizas en tu interés por la historia. Incluso puedes aprender geografía mientras te sumerges en el mundo de los animales.

Si una asignatura en particular no es esencial para la vida cotidiana ni relevante para los intereses de tu hijo, ¿por qué debería aprenderla? La razón principal suele ser para aprobar un examen. Si en el futuro tu hijo necesita aprobar un examen en esa asignatura, aprenderá lo que le falta en ese momento. En lugar de preocuparte por que tu hijo aprenda todas las asignaturas al mismo tiempo, permítele explorar sus intereses y aprender de manera natural.

¿Cómo van a aprender responsabilidad si sacamos a los niños de la escuela y los dejamos jugar todo el día?

En realidad, la escuela convencional no siempre es el mejor lugar para cultivar la responsabilidad. Aquí te dejo cómo se puede aprender la responsabilidad fuera del entorno escolar tradicional:

Responsabilidades en casa y comunidad:
Tu hijo asume tareas cotidianas como recoger juguetes, limpiar platos, doblar la ropa, cuidar de las mascotas, regar las plantas, sacar la basura, mantener orden en su habitación y hacer de voluntario en una organización. Estas responsabilidades prácticas desarrollan un sentido de deber fuera del ámbito escolar.

Autonomía:
Brindar a tu hijo oportunidades para tomar decisiones y tener control sobre su aprendizaje es esencial. Esto implica permitirle

elegir temas de estudio, decidir métodos de aprendizaje y participar en actividades extracurriculares que le interesen y motiven.

Aprender a través de experiencias reales:
La vida diaria ofrece innumerables oportunidades para cultivar la responsabilidad. Tu hijo puede participar en la toma de decisiones familiares, colaborar en la planificación de actividades y gestionar su tiempo. Estas experiencias prácticas fomentan el desarrollo de habilidades esenciales.

Salir del entorno escolar convencional no significa renunciar a ser educado; por el contrario, ofrece la posibilidad de aprender de manera más personalizada y centrada en el desarrollo de habilidades prácticas y sociales. La verdadera responsabilidad se cultiva a través de la participación activa en la vida cotidiana y la toma de decisiones significativas.

Cuando tenemos libertad para tomar decisiones, también asumimos la responsabilidad que conlleva. La libertad nos brinda la oportunidad perfecta para desarrollar habilidades de toma de decisiones informadas y asumir responsabilidades. Esto nos permite aprender de nuestros errores y éxitos, y nos ayuda a cultivar un sentido innato de responsabilidad.

Vivir y educar sin la rigidez de la escuela convencional es una de las mejores alternativas para fomentar la responsabilidad en nuestros hijos. Esta cualidad, esencial para el éxito en la vida, nos permite reflexionar antes de actuar y tomar decisiones fundamentadas. A menudo, el entorno escolar no proporciona el mejor contexto para cultivar esta virtud.

La madre y el padre juegan un papel importante para que sus hijos crezcan responsables. ¿Cómo? Dándoles tareas, dejándoles hacer cosas por sí mismos, poniendo reglas y siendo un buen ejemplo. En casa, tu hijo ayudará con cosas como regar las plantas, lavar los platos, pasar la aspiradora y hacer otras tareas.

En las familias, se establecen normas y se aplican consecuencias, fomentando y reconociendo comportamientos responsables. Además, se anima a los niños a tomar decisiones y a aprender de los errores, evitando tanto la sobreprotección como la subestimación. En el hogar, se inculcan valores fundamentales como el compromiso, el esfuerzo, la paciencia y la perseverancia, todos ellos imprescindibles para alcanzar el éxito académico y personal.

Si quieres que tu hijo sea responsable, es importante darle independencia diaria, permitirle tomar decisiones, asignarle tareas domésticas, servir de modelo a seguir, estimular su pensamiento independiente y reconocer sus logros. Construir confianza a través de estas acciones y esperar compromiso es clave para su desarrollo.

La responsabilidad es una tarea que lleva tiempo y requiere dedicación por parte de los padres y otros adultos. Al comprometerse con sus responsabilidades, se promueve la confianza y se facilitan las interacciones sociales sin estrés.

Cuando los niños participan en juegos y actividades en grupo donde se incluye la responsabilidad, aprenden de una manera divertida. La responsabilidad y el desarrollo infantil son buenos para sentirse bien consigo mismos, para ser independientes y autónomos. Dar y poder practicar responsabilidad es muy importante porque ayuda a formar estudiantes que están motivados a aprender y a alcanzar sus metas. Están dispuestos a esforzarse y a hacer su trabajo no solo porque alguien les obliga, sino porque entienden la importancia de ser responsables y quieren sentirse satisfechos con sus logros.

Para ser responsables, es importante desarrollar habilidades como la perseverancia, la asunción de tareas, el pensamiento crítico, la capacidad para tomar decisiones, la motivación y la organización del tiempo. La educación libre es excelente para mejorar estas habilidades, ya que si tienes la libertad de controlar tu educación y tu vida, tienes todo lo que necesitas para ser responsable.

Mi madre (o suegra) fue maestra y está en contra.

"Las cosas que conocemos y en las que creemos son una parte de nosotros. Sentimos que siempre las hemos conocido. Casi cualquier otra cosa, cualquier cosa que no encaje en nuestra estructura de conocimiento, nuestro modelo mental de la realidad, probablemente nos parecerá extraña, salvaje, temible, peligrosa e imposible. Las personas defienden lo que están acostumbradas a pesar de que les esté causando daño."
John Holt

Debatir sobre educación alternativa con alguien que ha sido maestro en una escuela regular puede ser difícil. Es normal que tu madre o suegra tenga opiniones fuertes basadas en su experiencia. En lugar de intentar convencerlas de golpe, trata de tener conversaciones abiertas y respetuosas poco a poco.

Háblale sobre los beneficios de la educación autodirigida y comparte historias de familias exitosas que la han practicado. También puedes mencionar a expertos y profesionales en educación que eligen esta forma de aprendizaje para sus propios hijos, como Gina Riley, Kerry McDonald, Julie Bogart, Peter Gray, Naomi Fisher y otros.

Anímala a leer libros, artículos y páginas web de estos expertos, y a ver videos y blogs de familias que eligen la educación sin escuela. Dile que hay mucha información disponible que puede explorar para entender mejor este enfoque. Ten paciencia y empatía, comprende que su perspectiva está arraigada. Dale espacio para asimilar la información y hacer preguntas. Recuerda que cambiar la mentalidad de alguien lleva tiempo y, al final, es su decisión si desea profundizar en el tema.

Recuerda que como madre, o padre, tú decides cómo educar a tu hijo. Aunque sea difícil tratar con opiniones fuertes de familiares, es importante afirmar tu rol como el que toma las decisiones. Agradece su opinión a tu madre o suegra, pero recuérdale con amabilidad que tú conoces mejor las necesidades de tu familia. Es importante establecer límites claros y comunicar tus expectativas sobre la educación. Mantén tu seguridad en tus decisiones, aunque discrepes con respeto de tus padres o suegros. Recuerda que lo más importante es el bienestar y la educación de tu hijo.

"Vivid juntos, lo mejor que podáis; disfrutad de la vida juntos, tanto como podáis. Haced preguntas para descubrir más sobre el mundo en sí mismo, no para averiguar si alguien lo sabe o no."

John Holt

Repasemos

Ya es hora de dejarte ir para que puedas disfrutar de tu próximo libro. Antes de despedirnos, te dejo algunos recordatorios:

- Para proporcionarle a tu hija una educación asombrosa, créelo o no, no necesitas mucho. Todo lo que se necesita es ser observadora, ingeniosa y comprensiva. Observa a tu hija. ¿Cuáles son sus gustos, disgustos e intereses? ¿Qué le hace feliz? ¿Cómo aprende? ¿Qué le causa molestia?
- Busca los recursos que tu hija necesita según tus observaciones. Ofrece todo lo que puedas, comparte información, pero sin forzar.
- Reflexionad, conversad y dialogad sobre temas que le interesen, resolved problemas, aprended de los errores y pasad tiempo conectando con otros y participando en la comunidad. De esta manera, tu hija aprenderá. Su aprendizaje será significativo y perdurará porque todo lo que está haciendo se relaciona con su vida y establece conexiones.
- No actúes como una maestra. Tu papel es conectar con ella, identificar sus intereses y proporcionarle oportunidades para explorarlos.
- Vive como si la escuela no existiera (no la copies). Los niños están biológicamente diseñados para aprender. El aprendizaje

ocurre cuando están interesados en algo. No tienes que empujar, persuadir ni forzar a tu hija a aprender, porque ya quiere hacerlo. Los seres humanos son naturalmente productivos, enérgicos y curiosos para aprender, siempre y cuando tengan la libertad y el espacio para hacerlo. No conviertas todo en una lección.

- El aprendizaje es una consecuencia natural de jugar, seguir intereses y desarrollar pasiones. No encasilles el aprendizaje en el aula y el juego en la sala de juegos. No segmentes el tiempo en "tiempo de aprendizaje" y "tiempo de juego" o "tiempo frente a la pantalla". El aprendizaje está presente en todas partes, todo el tiempo.

- Inspira a tu hija en lugar de limitarla. Dale oportunidades para prosperar. Intenta decir sí siempre que sea posible y factible.

- Tranquilízate. Los momentos de enseñanza y aprendizaje surgen de forma natural y son muy valiosos. Cuando pienses "Debería hacer más", vuelve a desescolarizar y desintoxicar tu mente del pensamiento escolarizado. Centrarse en lo que cada niño necesita es hacer más. Permítele seguir lo que le apasiona.

- Tu hija es la protagonista de su proceso educativo. Sé generosa confiando en ella para que encuentre su propio ritmo educativo, y deja que su potencial se manifieste. Mira quién es tu hija y ayúdala a ser increíble.

- Lo fundamental es que tu hija descubra por sí misma todo lo que pueda.

Venga, ve y dale a tu hija una educación asombrosa. Ayúdala a ser una estudiante de la vida.

Si me necesitas estoy aquí:

www.tiktok.com/@vidasincole
www.instagram.com/vidasinc0le
https://twitter.com/Unschooling1
www.martaobiolsllistar.com
www.asuccessfuleducation.com/vidasincole

"Chicos como Andrew Carnegie, quien suplicó a su madre que no lo enviara a la escuela y ya estaba en camino hacia la inmortalidad y la fortuna a la edad de trece años, hoy en día serían enviados para asesoramiento psicológico; Thomas Edison se encontraría en Educación Especial hasta que su genio peculiar hubiera sido suficientemente domado."

John Taylor Gatto

Relatos para ayudarte a desescolarizar tu mentalidad.

Descubre cómo el aprendizaje autodirigido ha llevado al éxito a muchas mentes brillantes a lo largo de la historia. Aquí encontrarás historias de individuos motivados por su curiosidad y deseo de aprender, demostrándote que el mejor aprendizaje ocurre cuando el aprendiz toma el control.

Espero que estos relatos te ayuden a cambiar tu perspectiva.

André Stern es un músico, compositor, lutier, autor y periodista francés conocido por su experiencia de crecer sin asistir a la escuela, como se describe en su libro "Yo nunca fui a la escuela". Nacido en 1971 en Francia, André es hijo del pedagogo y autor Arno Stern, quien es conocido por su trabajo en el ámbito del desarrollo infantil y la educación.

La historia de André Stern se ha convertido en un ejemplo de educación no convencional y desarrollo infantil. Creció en un entorno donde se fomentaba su curiosidad, se le permitía seguir sus propios intereses y no estaba sujeto a un sistema educativo formal.

A través de este enfoque, André desarrolló una profunda pasión por la música, la lutería y otros campos creativos.

En su libro "Yo nunca fui a la escuela", André Stern explora cómo esta educación fuera de lo común influyó en su desarrollo y lo llevó a convertirse en un adulto seguro y apasionado por su trabajo. Su historia ha inspirado a muchas personas a reflexionar sobre las alternativas educativas y a cuestionar las convenciones tradicionales en la educación de los niños. Además, se ha convertido en un defensor de la educación basada en la confianza en las capacidades naturales de los niños y el fomento de sus intereses individuales.

Erik Demaine, considerado uno de los científicos más destacados en Estados Unidos, posee un máster en Matemáticas y un doctorado. Su educación se desarrolló fuera del sistema escolar: viajó con su familia y siguió libremente sus intereses, lo que finalmente lo llevó al mundo de la informática y las matemáticas. Su pasión por los videojuegos despertó su curiosidad por la programación informática, lo que a su vez lo llevó a su amor por las matemáticas. Erik Demaine comenzó cursos universitarios a la edad de doce años, y logró una serie de logros académicos excepcionales. Obtuvo su licenciatura a los catorce en la Universidad de Dalhousie, su máster a los dieciséis y su doctorado a los veinte en la Universidad de Waterloo. Poco después, aceptó un puesto como Profesor Asistente, convirtiéndose en la persona más joven en enseñar en el MIT.

Jacob Barnett fue diagnosticado con autismo a una edad temprana, y no se esperaba que pudiera leer ni atarse los zapatos, mucho menos llevar una vida normal. Debido a su síndrome de Asperger, asistió a la escuela pública en la clase de educación especial, pero no le enseñaban nada y no mostraba interés en aprender. Esto preocupó a su madre, quien notó que era diferente en la escuela que en casa, donde demostraba interés por los rompecabezas y los mapas. Cuando llegó a tercer grado, se dio cuenta de que su hijo necesitaba más que el programa de educación especial estándar ofrecido por el sistema escolar público, así que empezó a llevarlo a clases de física universitarias como observador.

A los 10 años, lo sacó de la escuela y permitió que explorara las cosas que amaba, como las matemáticas y la ciencia. Jacob eventualmente aprendió matemáticas de nivel secundario por sí mismo, incluyendo álgebra, geometría y cálculo, en tan solo dos semanas. A los once años, se convirtió en estudiante universitario a tiempo completo.

A los quince años, Jacob presentó su tesis de maestría y más tarde obtuvo un doctorado en Física Cuántica. Hoy en día, es considerado uno de los físicos más prometedores del mundo.

Thomas Edison, uno de los inventores más famosos de la historia, es conocido por sus contribuciones en la invención de la bombilla eléctrica, el fonógrafo y la cámara de cine. Sin embargo, pocas personas saben que la madre de Edison desempeñó un papel significativo en su educación al sacarlo de la escuela a una edad temprana.

Cuando era niño, Edison tenía dificultades en la escuela y se le consideraba un mal estudiante. Su madre, Nancy Edison, no creía que el sistema escolar fuera lo mejor para el estilo de aprendizaje de su hijo. Ella notó que él era curioso y deseoso de aprender, pero no se motivaba por la memorización mecánica y la estructura rígida del aula.

Nancy decidió tomar cartas en el asunto y comenzó a educar a su hijo en casa. Lo animó a explorar sus intereses y perseguir sus pasiones, dándole la libertad de aprender a su manera. La madre de Edison le enseñó los fundamentos de la lectura, escritura y matemáticas, pero también lo expuso a la ciencia, la tecnología y la mecánica, lo que más tarde influiría en su carrera como inventor.

La educación de Edison fuera del sistema escolar le permitió pensar de manera diferente y abordar los problemas de manera creativa. Se convirtió en un aprendiz de por vida y desarrolló una profunda curiosidad por el mundo que lo rodeaba. Sin las limitaciones de la educación formal, Edison tuvo la libertad de explorar y experimentar, y el enfoque no convencional de su madre en su educación lo ayudó a convertirse en uno de los inventores más influyentes de todos los tiempos.

La historia de Edison es un poderoso ejemplo de cómo los métodos de educación alternativa fomentan la creatividad y la innovación. La decisión de su madre de sacarlo de la escuela le permitió desarrollar sus fortalezas y perseguir sus intereses, lo que finalmente condujo a sus revolucionarias invenciones.

Agatha Christie, la famosa autora británica, enfrentó un desafío único en su camino hacia la escritura: la disgrafía, una discapacidad de aprendizaje que afecta la capacidad para escribir de manera coherente. A lo largo de su vida, lidió con dificultades en ortografía y gramática.

A pesar de esta barrera, Christie logró aprender a leer por sí misma. Recibió educación en el hogar y más tarde, durante su adolescencia, asistió a una escuela convencional en París.

El éxito de Christie como escritora es verdaderamente asombroso, considerando su discapacidad de aprendizaje. Escribió 66 novelas de detectives y 14 colecciones de relatos cortos, que han vendido más de 2 mil millones de copias en todo el mundo. Entre sus obras más conocidas se encuentran "Asesinato en el Expreso de Oriente", "Diez negritos" y "El asesinato de Roger Ackroyd".

El estilo de escritura único de Christie y sus tramas intrincadas la convirtieron en una autora querida en todo el mundo. Es reconocida por sus misterios "quién lo hizo", que mantienen a los lectores intrigados hasta el final. Su éxito como escritora es un testimonio poderoso de que las discapacidades de aprendizaje no tienen por qué limitar el potencial de una persona.

Charles Dickens, uno de los más grandes escritores en el idioma inglés, alcanzó su éxito con una educación formal mínima. Nacido en 1812 en Portsmouth, Inglaterra, Dickens fue el segundo de ocho hijos. Su familia enfrentó dificultades financieras y, a la edad de 12 años, se vio obligado a abandonar la escuela y trabajar en una fábrica para ayudar a mantener a su familia.

A pesar de su limitada educación formal, Dickens era un lector voraz y en gran medida autodidacta. Pasaba muchas horas en la biblioteca local y se sumergía en las obras de William Shakespeare, Oliver Goldsmith y otros grandes de la literatura.

A los 15 años, Dickens comenzó a trabajar como asistente legal y luego como reportero, donde desarrolló sus habilidades de escritura. Su primera obra publicada, una colección de historias titulada "Sketches by Boz", se lanzó cuando tenía solo 24 años, y continuó escribiendo muchas novelas queridas, incluyendo "Oliver Twist", "Grandes Esperanzas" y "Historia de dos ciudades".

La escritura de Dickens es conocida por sus vívidas descripciones de personajes y escenarios, así como por su comentario social y crítica de la sociedad victoriana. A pesar de su falta de educación formal, se convirtió en uno de los escritores más exitosos y aclamados de su tiempo, y su legado continúa hasta el día de hoy. Su ejemplo es un testimonio del poder de la autoeducación y la importancia de perseguir las propias pasiones.

Mark Twain, cuyo nombre real era Samuel Langhorne Clemens, fue un destacado escritor estadounidense ampliamente reconocido por su humor e ingenio en sus obras. Twain nació en 1835 en Misuri, EE.UU., y su padre falleció cuando tenía solo 11 años. Debido a la muerte de su padre, Twain tuvo que dejar la escuela y empezar a trabajar como aprendiz de imprenta.

A pesar de no haber recibido una educación formal, Twain era un ávido lector y pasaba la mayor parte de su tiempo leyendo libros de la biblioteca. Trabajó como impresor, periodista y piloto de barco de vapor antes de descubrir su talento para la escritura. El primer éxito de Twain como escritor llegó con su relato corto "La famosa rana saltarina del condado de Calaveras", que fue publicado en un periódico en 1865.

En 1876, Twain publicó su obra más famosa, "Las aventuras de Tom Sawyer", basada en sus experiencias de infancia en Hannibal, Misuri. El libro fue un éxito instantáneo y ayudó a establecer a Twain como un destacado escritor estadounidense. Luego escribió muchas otras obras, incluyendo "Las aventuras de Huckleberry Finn", "El príncipe y el mendigo" y "Un yanqui en la corte del Rey Arturo".

A pesar de su falta de educación formal, la escritura de Twain era admirada por su ingenio, humor y visión de la vida estadounidense. Era un maestro de la sátira y utilizaba su escritura para comentar sobre temas sociales como el racismo y la corrupción. El legado de Twain como uno de los más grandes escritores de Estados Unidos continúa hasta el día de hoy, y sus obras todavía se leen y celebran ampliamente.

Alexander Graham Bell, el inventor del teléfono, nació en Edimburgo, Escocia, en 1847, y recibió educación en casa hasta los 11 años. En la escuela, encontró el currículo obligatorio poco interesante y decidió abandonarla a los 15 años sin graduarse. A pesar de esto, Bell continuó su educación y siguió su interés en el habla y la comunicación.

El exitoso descubrimiento del teléfono por parte de Bell es ampliamente conocido, pero su trabajo en el campo de la comunicación fue más allá de eso. También desarrolló un dispositivo llamado fotófono, que transmitía sonido a través de un rayo de luz. El interés de

Bell en la comunicación se extendió al trabajo con personas sordas y con dificultades auditivas, y desarrolló un método para enseñar el habla a estudiantes sordos, conocido como el "Visible Speech" (Discurso Visible), un sistema de símbolos fonéticos para representar la posición de los órganos del habla en los sonidos articulados.

A pesar de su falta de educación formal, el interés de Bell en la comunicación y su dedicación a su trabajo lo llevaron a convertirse en uno de los inventores más influyentes de la historia y fue conocido internacionalmente como profesor de habla y elocución, así como por su faceta de autor de libros sobre el tema.

Albert Einstein es un científico muy conocido que revolucionó el campo de la física con sus teorías y descubrimientos. Sin embargo, al igual que muchos niños con altas capacidades, tuvo dificultades en la escuela. Los maestros no entendían su constante cuestionamiento de la autoridad y su aversión al aprendizaje mecánico.

En 1894, durante las vacaciones de Navidad, Einstein tomó una decisión audaz. Se ausentó de la escuela y nunca regresó. En su lugar, tomó un tren hacia Italia, donde vivían sus padres en ese momento. Les informó que no volvería a Alemania y les prometió que estudiaría por su cuenta y trataría de ser admitido en la Escuela Técnica de Zurich al año siguiente. Al no ser aceptado, decidió prepararse en esas asignaturas en la escuela cantonal de Aarau, Suiza.

Este nuevo colegio, que seguía un enfoque basado en la filosofía del reformador suizo del siglo XIX, Johann Heinrich Pestalozzi, resultó crucial para el joven Albert. Einstein afirmó más tarde: "Cuando comparaba estos años con mis seis años de escolarización en una escuela alemana autoritaria, me daba cuenta claramente de lo valiosa que es una educación basada en la acción libre y la responsabilidad personal en contraste con una basada en la autoridad externa.

Benjamin Franklin, uno de los Padres Fundadores de Estados Unidos, es ampliamente reconocido por sus numerosos logros, entre ellos su trabajo como autor, inventor y estadista. Sin embargo, lo que quizás muchas personas desconozcan es que Franklin tuvo una educación formal muy limitada.

Nacido en Boston en 1706, Franklin asistió a la Boston Latin School durante un corto período de tiempo, pero tuvo que abandonarla debido a dificultades financieras. A pesar de su falta de educación formal, Franklin era un lector ávido y gran parte de su aprendizaje fue autodidacta. Trabajó como aprendiz de su hermano mayor, un impresor, y perfeccionó sus habilidades en escritura, impresión y publicación.

En 1729, Franklin compró The Pennsylvania Gazette y la transformó en uno de los periódicos más exitosos de las colonias. También comenzó a publicar sus propias escrituras, incluyendo su famoso Almanaque del Pobre Richard, que contenía dichos ingeniosos y consejos prácticos.

A lo largo de su vida, Franklin siguió persiguiendo sus intereses en ciencia e invención, y realizó contribuciones significativas en estos campos. Se le atribuyen muchas invenciones, incluyendo las gafas bifocales y el pararrayos.

Andrew Carnegie nació en Escocia en 1835, y su familia emigró a Estados Unidos cuando era niño. Creció en la pobreza y tuvo poca educación formal, abandonando la escuela a los 13 años para trabajar a tiempo completo. Sin embargo, Carnegie estaba decidido a tener éxito y comenzó a ascender en la industria ferroviaria, llegando finalmente a ser superintendente.

El verdadero éxito de Carnegie llegó cuando se centró en la industria del acero. Fundó su propia compañía, la Carnegie Steel Company, y utilizó nuevas tecnologías para aumentar la eficiencia y la producción. También implementó prácticas comerciales innovadoras, como la integración vertical y medidas de reducción de costos, que le ayudaron a dominar la industria del acero.

A pesar de su falta de educación formal, Carnegie era un ávido lector e intelectual autodidacta. Creía en el poder de la educación y la filantropía, y donó millones de dólares para establecer bibliotecas, universidades y otras instituciones con el objetivo de mejorar la educación y promover el avance social.

Para el momento de su fallecimiento en 1919, Carnegie se había convertido en una de las personas más ricas en la historia estadounidense, con un patrimonio neto equivalente a 372 mil millones de dólares en la moneda actual. Su éxito y filantropía son un testimonio del poder de la determinación, la innovación y el aprendizaje constante.

"Puedo resumir rápidamente lo que las personas necesitan para educar a sus propios hijos. En primer lugar, tienen que quererlos, disfrutar de su compañía, su presencia física, su energía, sus tonterías y su pasión. Tienen que disfrutar de todas sus conversaciones y preguntas, y disfrutar igualmente al intentar responder esas preguntas. Tienen que pensar en sus hijos como amigos, de hecho, amigos muy cercanos, sentirse más felices cuando están cerca y extrañarlos cuando están lejos. Tienen que confiar en ellos como personas, respetar su frágil dignidad, tratarlos con cortesía y tomarlos en serio. Tienen que experimentar en sus propios corazones algo del asombro, la curiosidad y la emoción de sus hijos acerca del mundo. Y tienen que tener suficiente confianza en sí mismos, escepticismo sobre los expertos y disposición para ser diferentes de la mayoría, para asumir la responsabilidad del aprendizaje de sus hijos. Pero eso es prácticamente todo lo que los padres necesitan."

John Holt

LA EDUCACIÓN PERFECTA PARA TU HIJO NO EXISTE.

TÚ TIENES QUE CREARLA.

MARTA OBIOLS LLISTAR

¿Crees que mi libro te ha ayudado? Tu opinión puede marcar la diferencia. Por favor, tómate un momento para compartir tus pensamientos. ¡Tu reseña puede ayudar a inspirar a otros lectores! ¡Gracias por tu apoyo!

¿Interesado en conocer más sobre mi historia? Descubre mi camino educativo con mi libro #vidasincole y explora el poder del aprendizaje libre y autodirigido. Acompáñame mientras comparto lo que aprendí, los desafíos y los triunfos de educar de manera diferente.

«¡Que libro tan bello! Lo disfruté mucho.»
DRA. GINA RILEY, psicóloga educativa

«En esta cautivante autobiografía, Marta Obiols presenta su ejemplo de unschooling y muestra cómo este método de aprendizaje poco ortodoxo es algo natural, respetuoso y prometedor. Todo lector interesado en una educación en casa radicalmente centrada en el alumno encontrará inspiración en este libro revelador.»
REVISTA BOOKLIFE de Publishers Weekly

«El libro evidencia el entusiasmo de Marta Obiols por
la estrategia educativa de su familia, y presenta su experiencia
y la de sus hijos como algo agradable, aunque a veces suponga un
reto. Un libro contundente sobre el funcionamiento fuera del
sistema educativo tradicional.»
Revista KIRKUS

«Me encantó. Gracias por escribir este libro, tiene muchas
palabras y frases clave y hasta información de páginas que son
sumamente útiles, el libro es fácil de leer, además de que es corto,
te atrapa, y bueno me hizo sentir más tranquila en cuanto
algunos miedos que tenía, me doy cuenta que prácticamente
desde que nació mi hijo practicamos unschool, ahora resta
continuarlo, buscar opciones para facilitar lo que vaya surgiendo
entre los intereses de mi hijo, gracias!!!!»
Abigail, México

Ayuda:

Información general:

www.hslda.org
www.sinescuela.org
www.latinahomeschooler.org

En la mayoría de los países de América Latina, la educación en casa es legal aunque no siempre esté regulada. Para obtener certificados, diplomas y otros documentos válidos en los países miembros del Convenio de La Haya, muchas familias han recurrido a instituciones como Home Life Academy, Royal Hollow o Beacon Christian Academy. Estas son escuelas privadas no convencionales (también conocidas como sombrilla) de nivel preescolar a bachillerato, fundadas para brindar apoyo educativo a familias que educan en el hogar desde cualquier parte del mundo. Ofrecen flexibilidad para enseñar según tus preferencias, seguir tu propio horario y adaptar el estilo de enseñanza a las necesidades de tu hijo. Hoy en día, existen más opciones y recursos en español disponibles, tales como:

Homeiscool.mx
Hannainternationalschool.com
Liberecohs.com

Argentina

www.homeschoolingargentina.com
www.homeschoolargentina.com
www.educoencasa.com
www.silvanagonella.com
www.alteredu.com.ar
www.aprendizajelibre.com.ar
www.celap.com.ar
www.iniciar.homeschoolingargentina.com
www.academiawelcome.com.ar
Instagram @abogada.homeschooling

Bolivia

www.educacionsinescuela.net
Facebook Home-schooling Bolivia
Facebook Educas Homeschool Bolivia
Instagram @homeschoolingbolivia
Instagram @educasinescuela

Chile

www.homeschool.cl
www.ecahomeschooling.com
www.vidahomeschool.com
www.homeschoolingchile.com
www.cvimagina.cl
www.colegiohomeschool.cl
www.eduquemosjuntos.salduu.com
Facebook Homeschooling Chile
Instagram @microescuelachile

Colombia

www.homeschoolingcolombia.com
www.enfamilia.co
www.anapaulinamaya.com
Facebook Homeschool Colombia
Instagram @homeschoolcolombia
Aneeka Microschool
www.liberecohs.com

Ecuador

www.crearonline.edu.ec
www.contusguaguas.com
www.homeschoolingecuador.ec
www.novushs.edu.ec
www.amalgamaeducacion.org
www.skhole.ec
www.homeschool.lacross.edu.ec
www.outoftheboxhomeschool.com
Instagram @homeschoolecu

El Salvador

www.arboldevidasv.com
Facebook Homeschooling Estudiando en Casa El Salvador
Facebook Aprendamos en Casa El Salvador

España

www.educacionlibre.org
www.legalidadhomeschooling.com
www.formacion.violetacuesta.com
www.hannahinternationalschool.com
Amaya Caceres amaya.caceresfresno@gmail.com

EEUU

www.hslda.org
www.homeschool.com

Guatemala

www.isea.edu.gt
www.bibliotech.com.gt
www.avantiahomeschool.com
www.aprendoencasayenclase.mineduc.gob.gt
Facebook Homeschooling en Guatemala
Instagram @homeschoolingenguatemala

México

www.supraescolar.com

www.homeschoolmexico.mx
www.educacionencasa.net
www.homeiscool.mx
www.martharebolledo.com.mx
www.inea.gob.mx
www.ceroescuela.com

Nicaragua

www.nicaraguaeduca.mined.gob.ni
Utiliza una escuela sombrilla como Homes Is Cool o Home Life Academy, o
escuelas en línea como Clonlara o colegio Hebron.

Panamá

Existen numerosos artículos sobre la educación en el hogar en Panamá, ya
que las circunstancias están evolucionando.
www.homeschoolingforever.com
www.jesspazos.com

Paraguay

www.hippy.or.py
www.schoolftomorrowparaguay.com
Facebook Homeschooling Paraguay

Perú

www.homeschoolenperu.com
www.homeschoolingperu.com
www.educaconvalores.com
www.mimejorclase.com
www.eduproyect.edu.pe
www.mama-investigadora.com
Facebook Unschooling Peru
Instagram @bitacoradeunamamahs
Instagram @educandoparaservirx3
Instagram @katiperezvaldez hace talleres para ayudarte

Puerto Rico

www.hslda.org
Instagram @mommydeocho

Instagram @Homeschoolenpuertorico

República Dominicana

Sí se puede pero aún no está regulado las familias utilizan una escuela sombrilla.
www.geniusacademyrd.com

Suiza

Home School Association of Switzerland
www.buildungzuhause.ch

Uruguay

Facebook Homeschooling Uruguay

Venezuela

Enais Goyo de Espinosa @naitaespinosa
Instagram @purposedrivenkids
Instagram @educapordisenovenezuela
Instagrma @vidahomeschoolingvzla
Instagram @homeschoolenvenezuela
Facebook Iniciativa Homeschooling Venezuela

Marta Obiols Llistar es una educadora apasionada y autora con más de dos décadas de experiencia en el campo educativo. Graduada en Educación Especial y Educación Primaria, Marta ha dejado su huella en una variedad de entornos educativos, desde guarderías y preescolares hasta escuelas privadas, charter y públicas.

Nacida y criada en Barcelona, Marta ha vivido en Estados Unidos durante los últimos 23 años. Es reconocida como la autora del galardonado libro de crianza "18. An Unschooling Experience", traducido y adaptado como "#vidasincole". Su obra más reciente, "Una Educación Asombrosa", es una guía completa dirigida a familias interesadas en la educación consciente y libre.

Lo que realmente motiva a Marta es ayudar a las familias a guiar a sus hijos hacia el aprendizaje, la felicidad y el éxito. Su enfoque se centra en adaptar la educación a las fortalezas e intereses únicos de cada niño. Marta ha educado asombrosamente a sus tres hijos fuera del sistema escolar, siguiendo la famosa sugerencia de John Holt para los padres: ***unschool***.